本教材由国务院侨务办公室立项、彭磷基外招生人才培养改革基金资助

Principles of Economics

经济学原理

朱鸿伟 舒建玲 刘金山 编著

中国·广州

图书在版编目（CIP）数据

经济学原理/朱鸿伟，舒建玲，刘金山编著．—广州：暨南大学出版社，2011.6（2022.7 重印）
ISBN 978－7－81135－866－7

Ⅰ.①经…　Ⅱ.①朱…②舒…③刘…　Ⅲ.①经济学　Ⅳ.①F0

中国版本图书馆 CIP 数据核字（2011）第 097864 号

经济学原理
JINGJIXUE YUANLI
编著者：朱鸿伟　舒建玲　刘金山

出 版 人：张晋升
责任编辑：曾鑫华　王治国
责任校对：苏倩欣
责任印制：周一丹　郑玉婷

出版发行：暨南大学出版社（511443）
电　　话：总编室（8620）37332601
营销部（8620）37332680　37332681　37332682　37332683
传　　真：（8620）37332660（办公室）　37332684（营销部）
网　　址：http：//www.jnupress.com
排　　版：广州市天河星辰文化发展部照排中心
印　　刷：广东广州日报传媒股份有限公司印务分公司
开　　本：787mm×960mm　1/16
印　　张：12.5
字　　数：233 千
版　　次：2011 年 6 月第 1 版
印　　次：2022 年 7 月第 4 次
定　　价：32.00 元

目　录

导 言

一、经济学是什么

人类社会的基本问题是生存和发展，生存和发展就是不断地用物质产品及劳务来满足人们日益增长的需求。需求来自人类的欲望，欲望是一种缺乏的感受与求得满足的愿望。按照美国学者马斯洛（A. H. Maslow）的解释，人的欲望或人的需要可分为五个层次：第一，基本的生理需要，即生存需要，这是最低层的需要；第二，安全的需要，即希望未来生活有保障，如免于受伤害，免于受剥夺，免于失业等；第三，社会的需要，即感情的需要，爱的需要，归属感的需要；第四，尊重感的需要，即需要有自尊心以及受到别人的尊重；第五，自我实现的需要，即出于对人生的看法，需要实现自己的理想。人类的欲望具有无限性的特点，一个欲望被满足了，又会产生新的欲望，正是欲望的无限性推动了人类不断探索、追求，从而推动了人类社会的进步。

为了满足人类的欲望，必须有各种物资资料和劳务的生产，而自然赋予人们用于生产产品和劳务的资源是有限的，一个社会无论有多少资源，总是一个有限的量，相对于人们无限的欲望来说，资源总是有限的。这意味着我们所拥有的总是无法满足我们所要的，即使是在资源相当丰富的时候，它们也绝不是无限的。这就是经济学所说的“稀缺性”（scarcity）。

我们生活在稀缺的世界中，正是这种稀缺性决定了社会和个人必须作出选择，这些选择反映了人们面临的权衡问题。比如我们必须选择如何花费我们有限的收入来购买各种产品和服务。作为学生，你的时间也是有限的，这限制了你实现目标的能力。如果你用一个小时准备经济学的期末考试，那么你复习数学的时间就少了一个小时。企业和政府也面临同样的问题：他们在努力实现目标时可得的资源也是有限的。正是由于资源的稀缺性或者有限性与人的欲望无限性之间的矛盾才产生了经济学，稀缺性是经济学中最基本的主题之一。

经济学是研究在资源稀缺的给定条件下，个人、企业、政府及其他经济单位为实现目标如何进行抉择的学问。用有限的资源满足无限的欲望，是古往今来一道难解的“数学题”。正是这道难题迫使人们进行取舍，作出选择，有效地利用资源，使有限的资源最大限度地满足人们无限的欲望。

二、任何经济制度都要回答的基本问题

既然我们生活在一个稀缺的世界中，其结果是，任何社会都面临同样的一个经济问题，即拥有有限的经济资源，所以能够生产的产品和服务的种类和数量也是有限的，多生产一种产品和服务就意味着要少生产另一种产品与服务。因此，社会无时无刻不面临着权衡和选择。在决定如何配置稀缺资源的过程中，社会必须回答下面的问题：

（1）生产什么及生产多少？这是指在可供选择的物品和劳务中，选择哪些来生产什么，每种生产多少。对生产什么这个问题的回答，是由消费者、企业和政府的选择共同决定的。例如，某一天当你选择购买苹果公司的 iPod 而不是 DVD 播放器，或者是伊利奶茶而不是雀巢咖啡的时候，你就参与决定了生产哪些产品和服务。同时，苹果公司也必须作出选择，将其稀缺的资源用于生产更多的 iPod，还是更多的 ibook 手提电脑。类似地，政府也必须作出选择，将其有限的预算更多地用于发展基础教育，还是用于发展国防事业。在每种情况下，消费者、企业和政府都通过用一种产品与另一种产品之间的权衡面对稀缺问题。

（2）如何生产？社会上往往有许多不同的人和不同的生产方式可以用来生产某种物品。这时需要决定的是，由哪些人、使用何种资源、应用何种技术来生产，是多用劳动力还是多用机器设备，是用进口原料还是就地取材，是大规模生产还是小批量制作。

（3）为谁生产？就是说生产出来的物品和服务供谁享用，用什么分配方式将其分配给社会各集团和个人。这种分配决定了不同的社会集团与个人在有限的资源中可以获得多大的份额。由于资源有限，社会集团和个人在有限的资源中不可能得到自己想要的一切，所以，人类社会在谁占有多少资源的问题上就要作出选择。

总之，以上三个问题是任何经济制度所共有的基本经济问题，必须作出回答。但是在不同的经济体制下，解决上述问题的方式不同。

在纯粹的指令性计划经济体制下，政府指挥所有的经济活动、垄断经济的决策，以上三个问题都是由政府来回答的，政府决定生产什么，生产多少；决定产品的价格；决定基本建设投资的分配、人们工作的分配和职工的工资，等等。而纯粹的自由市场经济则是另一极端。在这种体制下，经济活动是通过自由交换体系组织起来的，生产什么、如何生产和为谁生产的决策是由生产者和

消费者分别作出的。

事实上，当今世界上任何一种经济都既不是纯粹的指令性计划经济，也不是纯粹的自由市场经济。虽然在很多情况下，市场经济是配置稀缺资源的有效方式已成为人们的共识，但是市场经济并不是完美无缺的。因此，需要政府运用各种手段来纠正市场经济的“失灵”。经济学家把这种以市场经济为基础，又有政府的适当干预的经济称为“混合经济”，以区别于自由放任的市场经济。混合经济又称为现代市场经济，以现代市场经济典型代表美国为例，虽然经济活动中大多数决策都是在市场中进行的，但是政府在监管市场运行方面扮演着重要的角色。

三、经济学的产生与演变

人类社会的生存与发展离不开从事物质资料生产的经济活动，人们在长期的经济实践活动的基础上萌发出了经济观点，并逐步形成一些经济思想和经济理论。经济学正是这一过程长期发展的产物，并随着这一过程的继续而不断地发展。

在西方文献中，最早使用“经济”一词的是古希腊的色诺芬（Xenophon，约公元前430—前354）。他在其所著的《经济论》中，将奴隶主对奴隶生产的组织和管理用“经济”一词来概括，意思是指家庭管理。经济学就成了研究家庭（奴隶主家庭或庄园）管理或规划的学问。古希腊的另一位学者亚里士多德（Aristotle，公元前384—前322）在《政治学》第一篇中，讨论治家问题时，也认为经济学就是研究家务，即奴隶主的家庭经济问题的。一直到了近代，经济学的含义才逐渐超越了研究家庭经济问题的狭隘概念，最先打破这种局限的是“政治经济学”概念的提出。1615年法国重商主义的代表人物蒙克莱田（Antoine de Montchrétien，1575—1621）在《献给国王和王后的政治经济学》一书中，首次用了“政治经济学”的提法。这里的“政治”与我们现在一般使用的“政治”概念不同，它是指国家范围或社会范围的意思。“政治经济学”研究的是国家和社会范围的经济问题，这就突破了以往研究经济问题只限于家庭经济或庄园经济的局限，从而拓宽了经济学研究的视野。“政治经济学”这一术语的第二次出现是在1755年，法国思想家卢梭（Rousseau，1712—1778）在《大百科全书》中刊登了一篇题为《政治经济学》的论文。1767年，英国经济学家詹姆斯·斯图亚特（James Denham Steuart，1712—1780）也使用了“政治经济学”这一术语，并且以此为题写了一部名为《政治经济学研究》的著作，此后“政治经济学”一词被广泛使用，成为研究社会经济问题这门学科的名称。只是到了1890年马歇尔（Marshall，1842—1924）出版了《经济学原理》一书后，这门学科的名称才由政治经济学改为经济学，可见政治经济学与经济学是通用的。

在经济学的发展史上，具有划时代意义的三位经济学家是：亚当·斯密（Adam Smith，1723—1790）、卡尔·马克思（Karl Marx，1818—1883）、梅纳德·凯恩斯（Maynard Keynes，1883—1946）[①]。18世纪英国古典经济学家亚当·斯密是经济学史上的第一块里程碑，1776年他的巨著《国民财富的性质和原因的研究》（简称《国富论》）问世，标志着现代经济学的诞生。马克思对资本主义的批判开创了与资产阶级经济学相对立的经济学体系——马克思主义经济学，开辟了经济学说史上的一个新时代。凯恩斯1936年发表了著作《就业利息和货币通论》（简称《通论》），提出了以国民收入决定为理论中心，以国家干预为政策基调的现代宏观经济学体系，成为现代宏观经济学的创立者。

从斯密的《国富论》算起，现代经济学已有两百多年的历史，已经发展成为一门研究社会生产、交换、分配和消费过程中的经济关系和运动规律，以实现稀缺资源的优化配置的科学。我们大致归纳一下它的发展脉络：

经济学作为一门独立的学科，是随着资本主义生产方式的产生和发展而逐渐形成的。由于资本主义关系首先是在商业领域形成的，相应地，政治经济学的第一个流派是重商主义（mercantilism）。重商主义代表了商业资本的利益，他们认为金银是财富的唯一形式，增加一国财富的途径除了开采金银矿之外就是扩大对外贸易，通过增加出口使得外国金银流入本国。所以，重商主义者主张国家干预经济生活，促进对外贸易。重商主义的经济理论虽然突破了自然经济的束缚，开始从宏观上考察社会经济现象，但是，由于重商主义者的研究对象是流通领域，对财富和价值的来源缺乏科学的认识，其研究方法只是对观察到的经济现象作了一些肤浅的说明，所以，其理论还不是真正意义上的政治经济学。“真正的现代经济科学，只是当理论研究从流通领域转向生产领域的时候才开始的”[②]。

随着资本深入到生产领域，产业资本取代了商业资本，成为资本的主要形式，与此相适应，重商主义也让位于古典经济学（classical economics）。首先把经济学的研究对象从流通领域转向生产领域的是以布阿吉尔贝尔（Pierre Le Pesant，Sieur de Boisguillebert，1646—1714）和魁奈（Quesnay，1694—1774）

① 萨缪尔森、诺德豪斯：《经济学》，麦格劳—希尔出版公司1989年版，第4页。

② 《马克思恩格斯全集》第23卷，人民出版社1974年版，第376页。

为首的法国重农学派。但重农学派把生产领域仅限于农业，并认为只有农业部门才创造财富。虽然，重农学派在经济学的研究中提出了一些重要的经济观点，但是由于其研究领域的局限性和缺乏完整的理论体系，因而真正独立的经济学仍未建立起来。

经济学作为一门独立的系统学科，始于17世纪出现的英国古典经济学。威廉·配第（William Petty，1623—1687）是英国古典经济学的创始人，亚当·斯密是集大成者，大卫·李嘉图（David Ricardo，1772—1823）是古典经济学的完成者。古典经济学把财富的生产和分配看作是研究的基本对象，把经济研究的视野扩展到整个生产领域，并建立起了比较完整的理论体系，其杰出的代表是英国经济学家亚当·斯密。《国富论》是人类第一次系统论述资本主义生产方式的著作，在这部著作中，斯密把经济学的研究范围扩展到所有的生产部门和商业部门，强调了国民财富增长中工业的主导作用，论证了资本主义经济自由和单纯追逐个人利益的合理性。

亚当·斯密的“看不见的手”的学说

亚当·斯密是最早揭示商品经济有序性的经济学家，在《国富论》中他解释了自利的动机如何以一种奇迹般的方式润滑了经济机器，从而形成了自我调整的自然秩序。“每个人都力图用好他的资本，使其产出能实现最大的价值。一般说来，他既不企图增进公共福利，也不知道他能够增进多少。他所追求的仅仅是一己的安全或私利。但是，他在这样做的时候，有一只看不见的手在引导着他去帮助实现另外一种目标，尽管该目标并非是他的本意。追逐个人利益的结果，是他经常地增进社会利益，其效果要比他真的想要增进社会的利益时更好”。

——摘自亚当·斯密：《国富论》（1776年）；转引自保罗·萨缪尔森、威廉·诺德豪斯：《微观经济学》，中国人民邮电出版社2004年版，第20页。

想一想：

亚当·斯密提出的具有自律性的“看不见的手”指的是什么？

虽然斯密所创立的理论还存在着矛盾和尚未解决的各种问题，但他终究是创建了经济学的理论体系，使经济学成为一门独立的学科。正因为如此，无论是后来的马克思主义经济学家还是新古典经济学家，都认同亚当·斯密作为现代经济学科创始人的地位，并都认定古典经济学是其理论的直接渊源。

在亚当·斯密之后，经济学的发展主要沿着两条线展开：一是继续沿着古典经济学的价值理论及整体结构分析的视角前进。大卫·李嘉图以劳动价值论为研究基础和出发点，把古典经济学推到了理论顶峰。卡尔·马克思在批判、继承、发展古典经济学的科学成果的基础上，创立了科学的劳动价值理论和剩余价值学说，使政治经济学发生了革命性变化，创建了马克思主义经济学，其理论体系的建立以马克思的伟大著作《资本论》的完成为标志。马克思主义经济学也为苏联、东欧和中国社会主义制度的建立提供了经济学的理论基础。二是在李嘉图之后，经约翰·穆勒（John Stuart Mill，1806—1873）到提出边际效用价值论，引发经济学史上"边际革命"的杰文斯（Jevons，1835—1882）、门格尔（Menger，1840—1921）、瓦尔拉（Walras，1834—1910），再经马歇尔的综合，古典经济学被改造成为在均衡价格理论的基础上，对制度存而不论，着重研究经济组织、运行和调节的一般行为的新古典经济学。后又经过凯恩斯、希克斯（Hicks，1940—）、萨缪尔森（Paul A. Samuelson，1915—2009）等人的发挥和综合，新古典经济学进一步演变为在西方资本主义国家占主导地位的现代主流经济学。

从马克思《资本论》第一卷问世（1867 年）和边际学派的兴起（1870 年前后）算起，一百多年来，无论是马克思主义经济学，还是新古典经济学都有了长足的发展。随着社会的变迁，这两大理论体系也都处在不断的发展变化之中。虽然两大理论体系之间有着不可逾越的分歧和差异，但是这两大理论体系间的相互借鉴一直都没有停止过。经济学的理论来自现实，同时又要能解释现实，接受实践的检验，在实践中得到发展。当代中国社会正在经历社会经济转型这一重大制度变迁，这无疑也为经济理论工作者借鉴、发展和创新经济理论提供了广阔的舞台。

四、经济学的研究方法

1. 实证分析与规范分析

从研究方法的角度来看，经济分析可分为两类：一类称为实证分析或描述性分析；另一类称为规范或价值判断分析。实证分析只是解释经济是如何运行的，它只给出客观事实并加以解释，而不对经济现象作出价值评价或给出修正方法，其结论是可验证的。例如，现代经济学的重要任务是对生产、消费、失业、价格等现象加以描述、比较、分析，并预测各种不同政策的可能结果。规范分析则是要对经济现象作出评价。它不仅要解释经济是如何运行的，而且要找出修正方法。所以，它往往涉及经济学家个人主观的价值标准和偏好，其结论是不能用事实来验证的。比如，对于公平与效率，有的经济学家更强调经济效率，有的经济学家则更强调收入的平等和社会的公平。实证分析与规范分析的区别，我们可以用两个例子来加以说明：

例 1. 关于全球气候变暖的争论。一些科学家认为把煤和石油作为燃料增加了空气中二氧化碳的含量，并导致气温升高和生态环境的恶化。在这一问题的争论中，“我们的地球由于空气中二氧化碳增加而变暖”是一种实证性的描述，“我们应该减少煤和石油这类燃料的使用”是规范表述。

例 2. 关于减税和削减社会福利的争论。这种争论涉及两个问题：一是减税和削减社会福利会引起什么后果；二是应不应该这样做。“减税和削减社会福利会促使人们更加勤奋工作”是一种实证分析表述，“税收和社会福利应该削减”则是一种规范性表述。

从上述例子可以看出，实证分析是对现象的客观描述，它可能是真实的，也可能是虚假的。这种分析得出的结论是真实的还是虚假的，可以根据客观事实进行检验。科学的任务就是要发现并记录真实的实证表述，即与我们观察到的现象相一致的实证表述。这一点无论是自然科学、社会科学，还是经济学都是如此。规范分析是关于看法的，不同的人有不同的价值判断标准，对同样的事实会有不同的看法。对于这些看法你可以同意，也可以不同意。现实中对解决规范问题的争论没有一个确定的规则。一般来说，当人们对规范问题的争论影响到某项决策时，只能由政治的或立法的手段来解决，科学本身并不能解决规范问题。

在理解实证方法与规范方法时，要注意几点：

第一，价值判断的含义。价值判断指的是对经济事物社会价值的判断，即对某一经济事物是好还是坏的判断。价值判断，大而言之，可以指对一种社会经济制度好坏的判断；小而言之，是指对某一具体事物的好坏的判断。所谓好坏也就是对社会是有积极意义还是有消极意义。价值判断属于社会伦理学范畴，具有主观性与阶级性。实证方法为了使经济学具有客观科学性，就要避开价值判断问题；而规范方法要判断某一具体经济事物的好坏，则从价值判断出发来研究问题。所以，是否以一定的价值判断为依据，是实证方法与规范方法的重要区别。

第二，实证方法与规范方法要解决的问题不同。实证方法要解决“是什么”的问题，即要确认事实本身，研究经济本身的客观规律与内在逻辑，分析变量之间的关系，并运用上述成果进行分析预测。规范方法要解决“应该是什么”的问题，即要说明事物本身是好还是坏，是否符合某种价值判断，或者对社会有什么意义。

第三，实证方法与规范方法得出结论的性质不同。用实证方法研究得出的结论具有客观性，可以根据事实来进行检验；而规范方法研究得出的结论受到不同的价值观影响，不具有客观性。持不同价值判断标准的人，对同一事物的好坏可能作出截然相反的评价，孰是孰非没有什么绝对标准，从而无法检验。

第四，实证方法与规范方法的联系。尽管实证方法和规范方法有着上述的差异，但是两种分析方法并不是相互排斥的。规范方法要以实证方法为基础，而实证方法也离不开规范方法的指导。一般来说，越是具体的问题，实证的成分越多；越是高层次、带有决策性的问题，越具有规范性。

以实证表述为内容的经济学称为实证经济学（positive economics），以规范表述为内容的经济学称为规范经济学（normative economics）。

2. 静态分析与动态分析

静态分析考察一定时期内各种变量之间的相互关系，它主要是一种横断面分析，不涉及时间因素所引起的变动。动态分析考察各种变量在不同时期的变动情况，它主要是一种时间序列分析，涉及时间因素所引起的变动。比如对市场均衡的分析，运用静态分析可以考察市场在某一时点达到均衡的条件，但是，市场上各种力量的均衡是暂时的，不断地从均衡到不均衡，从稳定到不稳定。因此，还需对市场作动态分析。动态分析要在引入时间因素的基础上说明市场均衡的实际变化过程，说明在某一时点上经济变量的变动如何影响下一时点上该经济变量的变动，以及这种变动对整个市场均衡状态变动的影响。

总之，静态分析与动态分析的基本区别在于：静态分析不考虑时间因素，而动态分析要考虑时间因素。换句话说，静态分析研究经济现象的相对静止状态，而动态分析研究经济现象发展变化的过程。

我们学习经济学的目的，不仅仅是要掌握经济学的基本原理、了解经济学的有用性，更重要的是学习经济学思考问题、提出问题、解决问题的方法，借鉴这些方法，去思考和解释现实，并且从中得到启发。

五、学习和运用经济学原理的注意事项

我们在学习和运用经济学原理时，要了解以下几点：

其一，要注意一些原理背后的前提假设，不能泛用，否则会得出错误的结论。经济学中的每一个理论或模型，是由一组前提假设及由这些前提假设所导

出的结论组成的。经济学家根据各种理论预测各种政策导致的后果。每个理论都有其使用范围，如果把某个理论的作用无限扩大，其结果会使原本正确的东西成为错误的结论。当然，我们不能据此否定经济学的有用性。

其二，经济学中的许多假设与结论并不是绝对的，不是对所有人都成立。同样，一个经济模型或理论，对某个国家或地区适合，不一定对其他国家或地区也适合，不能生搬硬套。从这个角度讲，它们是相对的。

其三，由于人类和社会行为十分复杂，在许多情况下，经济学不能像自然科学那样只进行描述性分析，它还需要价值判断分析。经济学家也不能像物理学家和化学家那样在试验室里进行人为控制的实验。社会科学与自然科学的差别就在于社会科学研究对象是具有复杂感情和行为的人。正因为如此，经济学仍然要不断地修改假设，完善新的逻辑推理方法，放弃对现实错误的回答，在社会实践中发展新的理论，并接受实践的检验。

本章小结

稀缺性是一个普遍的规律，所有的资源相对于人类的无限欲望来说都是稀缺的，这意味着，我们所拥有的总是无法满足我们所要的。所以，任何社会都面临同样的一个经济问题，即拥有的经济资源是有限的，所以能够生产的产品和服务的种类和数量也是有限的。多生产一种产品和服务就意味着少生产另一种产品与服务。因此，社会面临权衡和选择。在决定如何配置稀缺资源的过程中，社会必须回答下面问题：生产什么以及生产多少？如何生产？为谁生产？在不同的经济体制下，解决上述问题的方式不同。经济学就是研究在资源稀缺的给定条件下，个人、企业、政府及其他经济单位为实现目标如何进行抉择的学问。

实证分析与规范分析、静态分析与动态分析都是重要的经济学分析方法。实证分析是要说明“是什么”的问题，规范分析是要回答“应该怎样”的问题；静态分析研究经济现象的相对静止状态，而动态分析研究经济现象发展变化的过程。静态分析与动态分析的基本区别在于：静态分析不考虑时间因素，而动态分析要考虑时间因素。

我们学习经济学，不仅要了解它的基本原理、它的有用性，更重要的是学习它思考问题、提出问题、解决问题的方法，借鉴这些方法，去思考和解释现实，并从中得到启发。

本章主要概念

稀缺性；选择；实证分析；规范分析；静态分析；动态分析

思考题

（1）什么是稀缺性？经济学与稀缺性有怎样的联系？

（2）任何制度都需要回答的问题是什么？为什么说不同的经济体制解决这些问题的方式不同？

（3）什么是实证分析与规范分析？请举例说明。

（4）什么是静态分析与动态分析？

参考文献

[1] 于良春：《经世济民——经济学的历史、现状与未来》，山东大学出版社 2002 年版。

[2] 蔡继明、王成伟、李亚鹏等："马克思经济学与新古典经济学——从对峙走向融合"，载《天津社会科学》，2007 年第 6 期。

[3] 田国强、张帆：《大众市场经济》，上海人民出版社 1993 年版。

[4] 斯蒂格利茨：《经济学》（上册），中国人民大学出版社 1997 年版。

[5] 梁小民：《西方经济学教程》，中国统计出版社 2001 年版。

第一章　商品与货币

现代社会，从家庭、学校到社会，人们生活、学习和工作中所需要的各种物品都要用货币去购买，通过买卖进行交换的物品都是商品。商店中琳琅满目的商品，人们手中各种面额的货币，对于现代人来说都是司空见惯的了。那么，商品的科学含义及其属性是什么？一张张花花绿绿的纸片为什么能购买任何一种商品？是谁赋予了它这种职能？又是什么力量支配着它？在纸币流通的条件下，为什么某一时期会出现物价普遍上涨？这些正是本章要探讨的问题。

第一节　商品的属性与价值规定

一、商品的属性

凡是商品必须是劳动产品，因此如空气、阳光等不能成为商品。劳动产品如果不是用于交换，也不能成为商品。因为商品不是供生产者自己消费的，而是供别人、供社会消费的，并且是通过交换才到达别人手中的。所以商品是用来交换的劳动产品。商品具有使用价值和价值的双重属性。

1. 商品的使用价值

所谓使用价值（value in use）就是指物品的有用性，也就是说物品能够满足人们某种需要的属性。如棉衣能够御寒，雨伞能够遮阳挡雨，等等。商品的使用价值是商品的自然属性，它是由商品的物理、化学、生物等自然特征决定的。商品的使用价值具有三个特点：第一，使用价值构成一切社会财富的物质内容，它是人类社会赖以生存发展的物质基础，存在于一切社会，其本身不反映任何社会关系；第二，使用价值千差万别，不同的物品有不同的使用价值，同种物品也可以有多种使用价值；第三，商品的使用价值是交换价值的物质承载者。一件物品必须对人们有用才有可能成为商品，对人们毫无用途的东西不可能成为商品，所以，使用价值是商品必须具备的因素。但是，这并不意味着一切具有使用价值的物品都是商品，具有使用价值的物品要成为商品，必须进入交换领域，具有交换价值。只有同时具有使用价值和交换价值的物品才成为商品。例如，小王为自己织了一件毛衣，这件毛衣显然不能成为商品。小王将这件毛衣送给朋友，这件毛衣对朋友来说具有使用价值，但是它仍然不是商品，因为它没有交换价值。倘若小王将其织的毛衣拿到市场上以货币为媒介进行交换，这件毛衣就成为商品。所以，商品一方面具有使用价值，另一方面具有交换价值。

2. 商品的交换价值和价值

交换价值（value in exchange）是一种使用价值与另一种使用价值相交换的量的比例关系。假如用 1 担米和 10 尺布相交换，10 尺布就是 1 担米的交换价值，或者说，1 担米值 10 尺布。但是一种商品与另一种商品相交换，在不同的时间、不同的地点可以有不同的交换比例，这种现象给人一种错觉，似乎交换价值是偶然决定的。其实，在偶然性的背后有着必然性。不同的商品之所以能以一定的比例相交换，是因为它们都是劳动产品，尽管生产大米和布匹所使用的工具、材料以及生产方法各不相同，但是有一点是共同的，即都耗费了人的体力和脑力劳动。从这个意义上说，这是无差别的人类劳动，商品交换实质上是商品生产者之间的劳动交换。凝结在商品中的无差别的人类劳动就是商品的价值（value）。各种商品的价值在质上是相同的，只有量上的差别，因而可以相互比较和交换。1 担米可以和 10 尺布相交换，是由于生产 1 担米和生产 10 尺布所耗费的劳动量相等，即它们具有等量的价值。

可见，价值是交换价值的基础，它决定了商品交换价值的大小。价值作为凝结在商品当中的一般人类劳动，是看不见摸不着的，只有通过商品之间的交换，以交换价值的形式表现出来。因此，交换价值是价值的表现形式，价值是交换价值的基础。商品的价值是商品的社会属性，它体现了商品生产者之间相互比较和交换劳动的社会经济关系。

3. 使用价值与价值的关系

使用价值和价值是商品的两个基本属性，也称商品的两个因素。商品是使用价值和价值的矛盾统一体。其统一性表现为：使用价值和价值是相互依赖不可分割的，它们共处于一个商品体中。使用价值是价值的物质承载者，价值的存在要以使用价值的存在为前提。没有使用价值的物品就没有价值，不能成为商品。有些劳动产品虽然有使用价值，但它不通过交换供社会消费，就没有交换价值，也不是商品。使用价值和价值是商品必须具备的两个要素，缺一不可。

商品的使用价值和价值又是矛盾的，表现在：两者是相互排斥、相互对立的，不能为一主所共有。一切商品生产者生产商品的目的是为了获得价值，而不是为了得到使用价值。为了获得价值，商品生产者必须让渡使用价值；对于消费者来说，是为了获得使用价值。无论是生产者还是消费者都不能既占有使用价值，又占有价值。使用价值和价值的这种相互排斥的矛盾如何解决呢？唯有通过交换。通过成功的交换过程，使用价值和价值得以分离，即生产者实现了价值，消费者得到了使用价值，使包含在商品内的使用价值和价值的矛盾得以解决。

想一想：

人们购买商品都希望“物美价廉”，这是商品本身具有使用价值和价值两个基本属性的反映。“物美”，是使用价值的标准；“价廉”，则是人们从价值角度提出的要求。人们在选购商品时，总是力图找到这两个标准的最佳结合点。这一事实生动地说明，人们是根据自身的实际经验从两个不同的角度，把商品看作是使用价值和价值这两个因素的结合体来考察的。

二、商品的价值量的决定

商品的价值量是指商品的价值的大小。如前所述，商品的价值是由劳动形成的，价值量当然应该由生产商品所耗费的劳动量来决定。劳动量又是怎样计量的呢？劳动量是以劳动时间为尺度的，所以说，衡量商品价值量大小的天然尺度是劳动时间，如月、日、小时等。所以，价值量也就由生产商品所耗费的劳动时间来计量。生产一种商品所耗费的劳动量越多，这种商品的价值量就越大。

但是每个企业拥有的生产条件不同，劳动者的劳动熟练程度和技术水平也不同，即使是生产同种商品，不同的企业所耗费的劳动时间也不相同。我们把这种个别商品生产者生产某种使用价值所耗费的劳动时间称为个别劳动时间。由个别劳动时间形成的价值是商品的个别价值。那么，商品的价值量是由谁的劳动时间决定的呢？如果由每个商品生产者的个别劳动时间决定商品的价值，同样的商品就会有完全不同的多种多样的价值量，而且生产者的工具越落后、技术越低、人越懒，生产某种商品耗费的时间越长，他的商品的价值量就越大；而那些生产工具先进、技术水平高、勤奋的生产者，生产同种商品耗费的时间少，商品的价值量就小。这种情形显然是不合理的，现实生活中也是不可能出现的。所以，商品价值量不是由各个商品生产者所耗费的个别劳动时间决定的，而是由生产商品的社会必要劳动时间来决定的。

什么是社会必要劳动时间呢？“社会必要劳动时间是在现有的社会正常的

生产条件下，在社会平均的劳动熟练程度和劳动强度下制造某种使用价值的时间”①。也就是说，社会必要劳动时间至少要由两个方面的条件决定：第一，由生产的客观条件即“现有的社会正常生产条件”决定。这是指现时某一生产部门中大多数生产者已经达到的生产条件，其中主要是生产工具。比如织布，如果社会上绝大部分布匹是使用机器织出来的，而手工织的布只是很小一部分，用电脑操作织的布更是极少数，那么，使用机器就是现有的社会正常生产条件。第二，由生产的主观条件即“社会平均的劳动熟练程度和劳动强度”决定。经验多、技术熟练的劳动者的劳动是熟练劳动；经验少、技术生疏的劳动者的劳动是非熟练劳动。操作紧张、单位时间内体力劳动和脑力劳动消耗得多，意味着劳动强度大；反之，操作松弛、单位时间内体力劳动和脑力劳动消耗得少，意味着劳动强度小。在同样的生产条件下，不同的劳动熟练程度和劳动强度，生产同种商品，耗费的劳动时间也不同。以生产一匹布为例，如果有的生产者用 6 小时，有的用 10 小时，而大多数用 8 小时，那么生产一匹布所需的社会必要劳动时间就接近于 8 小时，一匹布的价值量就相当于 8 小时。此时此刻，生产一匹布用时 6 小时的生产者的个别劳动时间低于社会必要劳动时间，在竞争中处于有利的地位；而生产一匹布用 10 小时的生产者的个别劳动时间高于社会必要劳动时间，在竞争中必然吃亏。

社会必要劳动时间的客观规定，对于每一个商品生产者来说，都具有重要意义。如果商品生产者生产每个商品的个别劳动时间低于社会必要劳动时间，商品按照社会必要劳动时间决定的社会价值出售，他将可以获得较多的盈利，并在竞争中处于有利地位；如果生产者生产每个商品的个别劳动时间高于社会必要劳动时间，他的商品只能按照社会必要劳动时间决定的社会价值出售，其耗费的劳动有一部分得不到补偿，从而发生亏损，在竞争中处于不利的地位，甚至可能破产。

生产商品的劳动根据其复杂程度还可分为简单劳动和复杂劳动。简单劳动是指不需要通过专门训练和培养的一般劳动者都能胜任的劳动。复杂劳动是指需要通过专门训练和培养，具有一定知识和技能的高级劳动者才能从事的劳动。如车夫拉人力车或者樵夫砍柴就是简单劳动，而钟表匠和技工的劳动就是复杂劳动。简单劳动和复杂劳动的区分标准并不是一成不变的，主要根据科技发展水平及其在生产中的应用程度来确定，所以具有相对性。在不同的国家或同一国家的不同时代，具有不同的标准。某一时期、某个时代的某个国家的复杂劳动，对于另一时期、另一国家来说，可视为简单劳动。当然，就某一时

---

① 《马克思恩格斯全集》第 23 卷，人民出版社 1972 年版，第 52 页。

期、一定国家来看，这种区分又是确定的。商品价值量的确定与劳动的复杂程度有密切关系。决定价值量的社会必要劳动时间是以简单劳动为尺度的，一定量的复杂劳动可以等于倍加的简单劳动。

三、劳动生产率与价值量的关系

商品的价值量是由社会必要劳动时间决定的，但是社会必要劳动不是固定的，它会随着劳动生产率的变化而变化。什么是劳动生产率呢？劳动生产率（labor productivity）就是劳动者生产某种使用价值的能力或效率。它可以有两种表示方法：一是在单位时间里生产的商品数量；二是生产单位商品所消耗的劳动时间。在生产中劳动生产率受许多因素的影响，主要有：科学技术发展及其在生产中的应用程度、生产过程的社会结合（分工协作、劳动组织、生产管理等）形式、劳动者的平均技术水平和熟练程度、生产资料的质量和效能以及自然条件的优劣，等等。

商品生产者怎样才能降低自己生产商品所用的个别劳动时间呢？唯一的办法就是提高劳动生产率。劳动生产率与价值量之间的关系又是怎样的呢？在此要注意区分两种不同的情况：一种是部门平均劳动生产率和单位商品价值量的关系。如果部门平均劳动生产率提高了，一定劳动时间内生产的商品数量增多，虽然投入到该部门的劳动总量不变，形成的价值总量也不变，但由于商品数量的增加，平均物化到每个商品中的劳动量就减少了，因而单位商品的价值量也减少了；反之，劳动生产率越低，单位商品的价值量就越大。所以，单位商品的价值量与体现在商品中的劳动量成正比，与社会劳动生产率成反比。这是商品生产的一般规律，也是劳动生产率和价值量之间的最基本的关系。

另一种情况是个别企业劳动生产率和单位商品价值量的关系。如果部门劳动生产率不变，而个别企业率先提高了劳动生产率，个别企业虽然投入的劳动量不变，但因其劳动生产率提高之后，生产的商品数量增加了，包含在单位商品中的个别劳动时间就会降低。由于商品的价值量是由社会必要劳动时间决定的，而社会必要劳动时间又是由部门平均劳动生产率决定的，在部门劳动生产率不变和商品的社会必要劳动时间所决定的社会价值量不变的情况下，个别企业的商品仍然按照社会价值量来出售，企业在交换中就能获得额外的收益。这样，个别企业劳动生产率提高，虽然单位商品的个别价值降低了，但是单位商品的社会价值仍然不变，因而它在同一时间内会创造出更多的社会价值量。这说明提高劳动生产率，缩短个别劳动时间是企业增加收入的主要途径。

从贵重到廉价的铝制品

在我们今天的生活中，铝制品是极为普通的东西，铝锅、铝盒、铝门窗等，随处可见。然而，在一百多年前，情况并不是这样的。法兰西帝国皇帝拿破仑三世（1808—1873）喜欢宴请四方宾客，每次设宴用的都是银碗，唯独他一人使用的是铝碗。因为在那个时代，铝的冶炼术十分落后，制作一只铝碗要比制作一只银碗花费更多的劳动时间，铝碗要比银碗贵重得多。皇帝使用铝碗正是为了显示其尊贵的地位。几乎在同一时代，俄国化学家门捷列夫（Mendeleev，1834—1907）编制了化学元素周期表，沙皇为了表彰他的功绩，奖给他一只杯子，而这只象征崇高荣誉的奖杯不是金子做的，而是用铝做的。随着科学技术的发展，生产铝制品的社会劳动生产率大大提高了，当年只有皇帝才能用得起的铝碗也变得廉价了。时至今日，这种情况已是屡见不鲜，究其原因就在于社会劳动生产率的提高。

第二节　货币的本质与职能

一切商品的价值，最终都要用货币来表现。货币是从商品世界中分离出来、固定充当一般等价物的商品。货币的本质就是一般等价物，这一本质是通过货币的职能体现出来的。

一、货币的产生与本质

商品的价值是决定商品交换比例的内在尺度，这种隐藏在商品之中的内在尺度只有通过商品之间的交换才能表现出来。一种商品的价值通过其他商品表现的形式，叫做价值形式。价值形式既然同商品交换相联系，它必然随着商品交换的发展而发展，并最终演变成货币形式。

人类社会在原始社会末期出现了商品交换。最初人们只是用多余的产品进行交换，这是一种偶然的物物交换。如，人们有时用一只羊换两把石斧。这种交换用等式来表示：

1 只羊 =2 把石斧

在等式中，羊的价值是通过石斧表现出来的，石斧是表现羊的价值的手段。在此，石斧已经具有表现其他商品价值的特殊作用，人们把石斧看作是价值的代表，或者说与价值等同，我们称它为等价物。

随着社会生产力和社会分工的发展，物物交换的范围不断扩大，参与交换的商品种类越来越多，一种商品常和多种商品相交换。但是随着商品交换的种类增多，物物交换自身具有的缺陷越来越明显。因为物物交换要求交易双方都需要对方的商品，交换才会成功，否则交换不能进行。交换越经常、交换范围越广，这种缺陷就越显著。例如，有一人想用羊交换石斧，但石斧持有方却不需要羊，而是需要布匹，布的持有者需要的又是盐，盐的所有者才需要羊。遇到这种情况，交换变得曲折复杂。羊的持有者得先将羊换成盐，再用盐换成布，再用布换成石斧，几经周折才能实现预期的交换目的。假如，有盐的人也不需要羊，那么羊的持有者仍然无法交换到自己所需要的商品，羊的价值得不到实现。如何才能解决物物交换遇到的困难？人们从无数次的交换实践中认识到，某一地区的市场上，必有某种商品是大家比较乐意接受的，于是，人们把自己手中的商品首先交换成大家普遍乐意接受的商品，然后再用它换来自己所需要的商品。这种大家乐意接受的商品就是一般等价物。一般等价物就是从其他商品中分离出来，充当商品交换的媒介，可以和其他一切商品相交换，并表现其他一切商品价值的商品。

一开始，一般等价物并没有固定在一种商品上。在不同的历史时期，不同的国家和地区，充当一般等价物的商品是不同的。在历史上，牲畜、布帛、兽皮、贝壳等都充当过一般等价物，在我国最早充当一般等价物的商品是贝壳。一般等价物的不统一，给商品交换带来新的困难。商品交换的范围不断扩大，客观上要求一般等价物能够固定在一种商品上，以利于商品交换的进一步发展。什么样的商品才最适合作为一般等价物呢？作为商品交换媒介的一般等价物，应该有这样一些特征：价值比较大，用较少的物品能进行较大量的交换；易于分割，分割之后既不会减少价值，又给交换带来方便；易于保存，不会因为保存时间的长短而使价值发生变化；便于携带，以利于在广大地区进行交易。最早出现的一些一般等价物，虽然在不同程度上都具有上述一般等价物应有的特征，但是它们都存在不足之处。如贝壳便于携带，但是价值较小；牲畜价值大但又不易分割和保存。最后，一般等价物都集中到贵金属金、银上。因为金、银具有体积小、价值大、便于携带、质地均匀、容易分割等特点，最适合充当一般等价物。金、银固定充当一般等价物，就是货币。

货币是从商品世界中分离出来，固定充当一般等价物的商品。货币的本质就是一般等价物，它体现了商品生产者之间的社会经济关系。金、银之所以能成为货币，是因为它本身也是商品，只是在交换的发展过程中，固定地充当一般等价物，成了特殊商品。作为社会财富的代表，它可以和一切商品相交换。商品交换本身就体现着生产者之间的社会关系，现在商品交换以货币为媒介来进行，商品生产者的个别劳动通过货币才能得到社会的承认，转化为社会劳动，因此货币也就具有了社会属性，体现着商品生产者之间一定的社会关系。

二、货币的职能

货币的职能是货币本质的体现。货币的职能就是指货币在社会经济生活中所起的作用。货币具有价值尺度、流通手段、储藏手段、支付手段和世界货币五种职能，它们是在商品交换发展的不同阶段中逐步具备的。货币从产生时候起就有价值尺度和流通手段两种基本职能。

1. 价值尺度

货币作为价值尺度，就是以货币作为尺度来表现和衡量其他一切商品价值的大小。货币之所以成为衡量商品价值大小的尺度，是因为货币也是商品，也有价值。货币产生之后，所有商品的价值都由货币来表现，商品价值的大小就表现为货币的多少。

货币充当价值尺度，必须对它自身的数量进行计量。当金、银作为货币时，就要求确定金、银的计量单位，这种单位叫做货币单位。最初，就是按照习惯采用原来金、银重量单位的名称。例如，中国历史上用白银作货币时，曾以“两”作为货币单位，英国的货币名称“镑”，原来就是指 1 镑白银。后来，货币单位与金、银重量单位名称逐渐分离，各国就规定了货币单位名称，英国的货币单位叫英镑，美国叫美元，法国是法郎。不同的货币单位包含不同的金属重量。每个国家的基本货币单位称为本位币，都由国家规定一定的含金量。为了方便小额交易，各国的本位币又分为各种小额辅币。如 1 美元分为 100 美分，1 英镑分为 100 便士，等等。

当商品的价值用货币表现出来的时候，便称为价格。价格是价值的货币表现，价值是价格的基础。在价格和价值一致的条件下，商品的价格主要取决于商品价值和金属货币的价值两个因素。商品价格的变化与商品价值的变化成正比，与货币价值的变化成反比。

货币在执行价值尺度职能时，并不需要现实的货币，只需要观念上的货币就可以了。这是因为货币在执行价值尺度职能时，只是把商品的价值大小表现出来，并不是实现商品的价值，也就是说，它所做的只是表明某个商品值多少钱，而不是真正的商品与货币相交换的过程。

2. 流通手段

这是指货币充当商品交换的媒介。如前所述，最初的商品交换是物物交换，它的公式是：商品—商品（W—W）。对于交换双方来说，既是买又是卖，买卖是同时完成的。但是，货币出现后，商品所有者首先把商品交换成货币，再用货币去购买商品。货币成了商品交换的媒介。以货币为媒介的商品交换，叫做商品流通。它的公式是：商品—货币—商品（W—G—W）。货币充当商品交换媒介的职能，叫做流通手段。人们从日常商品买卖中所看到的货币的作用，就是流通手段的职能，所以，这种职能又叫做购买手段。执行流通手段职能的货币必须是现实的货币，不能是观念上的货币。

以货币为媒介的商品流通，使物物交换时买卖是同一个过程的交换分为买、卖两个阶段，而且这两者在时间和空间上可以分离，商品生产者在某一地卖出商品后，可以到其他地方购买其他商品，也可以在卖出商品之后不马上购买。这样，如果有些人卖而不买，必然会使另一些人的商品卖不出去，这就带来了相对过剩的经济危机的可能性。

3. 储藏手段

货币退出流通领域，当作社会财富的一般代表被保存起来，这时货币执行的是储藏手段的职能。货币之所以能执行储藏手段职能，是因为货币是一般等价物，是社会财富的一般代表，人们储藏货币就意味着可以随时将其变为现实商品。作为储藏手段的货币，必须是实实在在的货币，而且只有足值的金属货币或者是金、银条块才能执行储藏手段的职能。

在金属货币流通的条件下，货币作为储藏手段具有自发地调节货币流通量的作用。当商品流通所需要的货币量减少时，多余的货币就会退出流通领域，成为储藏货币；当商品流通需要的货币量增多时，一部分储藏着的货币又会自发地加入流通中，执行流通手段的职能。在此，货币作为储藏手段，起着“蓄水池”的作用，自动地调节流通中的货币量。

4. 支付手段

在以延期付款的形式买卖商品的情况下，货币在用于清偿债务时，就执行了支付手段的职能。货币作为支付手段的职能产生于赊购赊销的商品交换过程中，是与商业信用联系在一起的。由于一些商品生产过程的季节性和地域性差异，在客观上要求商品的出售和商品价值的实现在时间上相分离，这样就产生了赊购赊销。此时，卖者成为债权人，买者则是债务人，双方约定一定时期，到期由买者向卖者支付货款。比如，农民春季需要买犁耕地却无钱购买，铁匠先把犁赊销给农民，农民要到秋季收获粮食之后才有钱支付犁价，这时的货币支付只是为了偿还农民对铁匠的欠款。货币作为支付手段，最初只是在商品生产者之间用于清偿债务。后来，货币又被用来支付地租、利息、税款和工资等。

支付手段出现后，一方面缓解了因缺乏现金而不能购买商品的矛盾，使商品生产得以顺利进行。另一方面，支付手段的出现也进一步扩大了商品经济的矛盾。商品生产者之间互相赊欠，形成一系列的债务链，其中任何一个环节如期不能偿还，支付链条中断，就会引起连锁反应，使整个信用关系遭到破坏，导致商品生产和经营无法顺利进行。货币在执行支付手段的职能时，它作为流通手段所蕴藏的经济危机的可能性进一步加深了。

5. 世界货币

世界货币是指货币具有在世界市场上充当一般等价物的职能。货币在国与国之间的经济关系中具有如下作用：第一，作为一般的购买手段，用来购买外国商品；第二，作为一般的支付手段，用来平衡国际收支差额；第三，作为社会财富的代表，由一国转移到另一国，如输出货币资本、向国外存款、支付战争赔款，等等。

一般来说，只有黄金或白银才能作为世界货币，铸币和纸币都不行。这是因为，铸币有成色不同或不足值的问题，纸币只有在本国范围才具有法定意义。在国际贸易中，购买和销售的金额，一般都通过银行结算，只有不能抵销的那一部分差额，才需要用黄金来支付。但是，随着货币的发展，一些国家的纸币在一定程度上也执行了世界货币的职能，如美元、欧元，但从根本上说这也是以其黄金储备为基础的。国际金融危机爆发以后，人们往往开始重视黄金作用的事实表明，只有贵金属货币（金和银）才堪当世界货币。

上述的货币五种职能之间有着密切的联系，从不同方面共同表现着货币作为一般等价物的本质。价值尺度和流通手段是两个基本的职能，其他三个职能是在这两个基本职能基础上，随着商品经济及其内在矛盾的发展而逐步发展起来的。这是因为一般等价物必须具有能够表现与一切商品相交换的能力的基本特征。当货币表现一切商品的价值时，就发挥了价值尺度职能。而当货币与一切商品交换时，则具有流通手段职能。因此，价值尺度与流通手段是货币的基本职能，两者相互联系、不可分割。

由于货币具有价值尺度与流通手段职能，才使人们产生了储藏货币的动机，也只有当一种商品成为货币之后，它才成为价值的独立体现物，从而它才会因流通中断而转入储藏。但是储藏手段同时又是潜在的流通手段，一旦流通需要，储藏货币又会重新进入流通。所以，储藏手段职能是与货币的价值尺度与流通手段职能紧密联系的。

支付手段职能的出现又是以前三种职能发展为前提的。在进行信用买卖或以货币偿还债务时，货币发挥着支付手段职能。但是在信用交易的条件下，货币在发挥支付手段职能以前，首先发挥价值尺度职能。同时，支付手段职能的产生也是基于流通手段和储藏手段职能的发展。

世界货币是最后发展起来的一个职能。它是以前四种职能的发展为前提的。若不是货币在世界各国国内已经发挥了价值尺度、流通手段、储藏手段和支付手段的职能，它就绝不可能成为国际间一般的支付手段、国际间一般购买手段和财富的一般转移手段。

由此可见，货币的各种职能都是货币本质的具体体现，是货币的一般等价物作用在商品经济发展过程中不同方面的表现。只有了解了货币五种职能之间的相互关系，才能深刻理解货币的本质，并进而了解商品生产者之间的复杂经济关系。

第三节　货币流通规律

一、纸币的产生与发展

金属货币最初是以金、银条块的形式流通的，每做一笔交易都要核实重量、检查成色，很不方便，于是就出现了具有一定形状、重量、成色和面额的铸币。货币以铸币形式的出现，是由货币充当流通手段的职能产生的。但是，金属铸币在流通中不断地磨损，成了不足值的货币。铸币的名义含量和实际含量出现了分离，但是这种不足值的铸币也和足值的铸币一样流通，这预示着可以用某种东西代替足值的货币执行流通手段的职能。由于货币作为流通手段在商品交换者手中的作用瞬息即逝，人们只关心用它是否能买回自己需要的商品，而不关心它是否足值。这种名不副实的变化，决定了纸币可以代替足值货币执行流通手段的职能。于是就产生了作为金属货币符号的纸币。与金属货币相比，纸币的制作成本低廉，更易于保管、携带和运输。所以，纸币被世界各国普遍使用。

纸币是国家发行的、强制使用的价值符号。纸币只是按照它所代替的金属货币的价值执行流通手段的职能。

纸币本位制的产生

纸币代替金属货币有一个过程。我国最早出现的纸币是北宋年间在四川境内流通的“交子”。元代、明代和清代都发行过“宝钞”，至今在北京鼓楼东大街还有个“宝钞胡同”。因此，我国又把纸币称为钞票。英国在1816年采用纸币后，欧洲各国和日本也纷纷效法。1816—1914年，世界上主要的资本主义国家都使用了纸币。这时的纸币，既可以在市场上流通，又可以向发行机构兑换足值的铸币或金条、银块。随着商品经济的发展，金银的采掘逐渐跟不上商品生产和商品流通发展的需要。与此同时，又由于滥发纸币，特别是1929—1933年发生的世界性的经济危机，西方主要资本主义国家应付不了兑换金属货币的浪潮，从而依据国家权力宣布发行不能兑换金属货币的纸币。自20世纪70年代以来，世界各国相继宣布取消金属本位制，纸币本位制由此产生。因此，当今世界，人们所称的货币其实就是指流通中所使用的纸币。

二、货币流通规律与通货膨胀、通货紧缩

货币作为流通手段，要不断地在流通领域内发挥作用。货币在市场频繁交换中不断地运动就是货币流通。货币流通以商品流通为基础，并为商品流通服务。为了适应商品流通的需要，流通中需要一定数量的货币。决定一定时期内流通中所需要货币量的规律，就是货币流通规律。

货币在执行流通手段职能时，流通中所需要的货币量取决于三个因素：第一，待销售的商品量；第二，商品价格水平；第三，货币流通速度（单位时间内货币流通的次数）。前两个因素的乘积是商品价格总额。一定时期流通中所需要的货币量与商品价格总额成正比，与同一单位货币流通速度成反比。这就是货币流通规律。用公式表示为：

$$\text{流通中所需的货币量}=\frac{\text{商品价格总额}}{\text{同一单位货币流通速度}}$$

纸币是国家发行的作为法定流通手段的货币符号。纸币作为货币符号，其本身没有价值，只是代表金属货币执行流通手段的职能。所以，纸币的发行量必须以流通当中所需要的货币数量为限。如果纸币的发行量相当于商品流通中所需要的货币数量，则纸币与金属货币就具有同等的购买力。如果违背货币流通规律发行纸币，所产生的宏观结果就是通货膨胀和通货紧缩。

通货膨胀（inflation）是纸币发行的数量超过了商品流通中所需要的货币数量，引起纸币贬值，一般物价水平上涨的现象。衡量通货膨胀程度的主要指标是物价指数（price index），它主要包括消费者物价指数（CPI）和生产者物价指数（PPI）。物价指数是反映两个时期物价水平变动的相对指标，是各类商品和劳务的价格的加权平均数。如果一般物价水平上升，说明通货膨胀态势在加强。理论界一般认为，物价总指数年均递增率在2%～3%时，物价基本稳定；物价总指数年均递增率在9%以内时，是温和的通货膨胀；物价总指数年均递增率在10%以上时，是恶性通货膨胀。

通货膨胀对社会经济生活带来许多不利的影响：第一，通货膨胀降低储蓄率。随着价格的持续上升，人们会产生通货膨胀预期，即估计物价会再升高。这样，人们为了不使自己的储蓄和现行收入贬值，会大幅度增加现期消费，从而产生过度消费需求，使储蓄率下降，甚至会出现挤兑现象和抢购风潮。第二，通货膨胀降低了企业投资热情。随通货膨胀而来的生活费用的上升，会使劳动者要求提高工资，从而导致企业的经营成本上升，企业增加生产和扩大就业的积极性就会逐渐丧失。第三，通货膨胀会使企业存货过多，资源得不到充分合理的利用。第四，通货膨胀在未被预期的情况下，有利于债务人而不利于债权人。第五，当出现恶性通货膨胀时，公众会对社会经济普遍失去信心。在高通货膨胀条件下，人们不愿意接受本国货币，货币不能执行它作为交换手段和储藏手段的职能，等价交换的正常买卖、经济合同的签订和履行、经营单位的经济核算以及银行的结算和信贷活动等，都无法正常进行，市场经济秩序将遭到严重的破坏，从而不可避免地出现社会性的经济混乱现象。

与通货膨胀相对应的一个现象是通货紧缩。所谓通货紧缩（deflation）是指由于流通中纸币数量供应不足，流通量下降导致单位纸币升值，一般物价水平持续下跌的现象。通货紧缩一般用消费物价指数作为衡量指标。

理论界关于通货紧缩含义的不同观点

关于通货紧缩的含义在我国理论界是有争议的，大致有三种观点：一种观点认为，从经济学的角度看，通货紧缩是指社会价格总水平即商品和劳务价格总水平普遍下降。另一种观点认为，通货紧缩是指流通中的货币大大少于商品流通的需要，特别是货币流通速度下降，社会对于经济前景预期普遍不良，总需求小于总供给，造成价格水平普遍下降，经济持续萎缩，资产严重缩水。还有一种观点认为，通货紧缩是与通货膨胀相对应的一个过程，往往是在通货膨胀得到抑制之后发生的。通货紧缩有两个最大的特征：一个是物价持续下跌，另一个是通货量，货币供应量持续下降。这三种意见都承认通货紧缩是物价总水平下降，这说明物价水平下降是通货紧缩的一个重要特征，分歧点在于，通货紧缩要不要与货币流通相联系。

——摘自逄锦聚、洪银兴等：《政治经济学》，高等教育出版社2009年版，第60页。

通货紧缩从表面上看是物价的持续下降，会给消费者带来一定的好处，因此它的危害很容易被人忽视。实际上，与通货膨胀一样，通货紧缩也会对经济发展造成严重不利的影响。第一，通货紧缩打击企业的生产积极性。持续的通货紧缩会使消费者推迟购买，以期待更低的价格出现，这会使企业产品销售更加困难，从而打击企业生产的信心。第二，消费总量下降造成市场疲软。产品供给过剩的矛盾会迫使企业削减生产，压缩存货，从而形成开工不足，导致就业的减少。又由于失业增加，家庭或个人的货币收入减少，出现消费不足的情况，从而加速了实体经济进一步萎缩。第三，通货紧缩还会引发银行业危机。更为严重的问题是，在通货紧缩情况下，银行实际利率大大提高，债务人的负担加重，甚至会引发企业破产的浪潮，以致局部债务链条中断，从而导致整个信用体系的崩溃，最终使得整个经济陷入衰退或萧条。

因此，要保持国民经济持续、稳定、健康地发展，既要防止通货膨胀，也要防止通货紧缩。

本章小结

商品是用于交换的劳动产品，使用价值和价值是商品的两个基本属性。商品能满足人们某种需要的属性是商品的使用价值，价值是凝结在商品中的无差别的人类劳动。商品是使用价值和价值的矛盾统一体。

商品的价值量是由社会必要劳动时间决定的，单位商品的价值量与社会必要劳动生产率成反比。

货币是商品交换长期发展的产物，是从商品中分离出来，固定充当一般等价物的特殊商品。货币的本质是一般等价物，货币的这一本质特征通过货币的五种职能体现出来。

纸币是由国家发行的强制使用的价值符号。纸币在流通中代替金属货币执行流通手段职能，所以纸币的发行量不能超过流通中所需要的货币数量，否则，有可能出现通货膨胀；反之，则有可能出现通货紧缩。

本章主要概念

商品；使用价值和价值；社会必要劳动时间；劳动生产率；货币；货币的本质；价值尺度；流通手段；货币流通规律；通货膨胀；通货紧缩

思考题

（1）假如生产一件服装的社会必要劳动时间是8小时，售出后收入为16元，某一服装生产者率先将劳动生产率提高了1倍，他用8小时生产的服装售出后收入是多少？

（2）随着社会劳动生产率的提高，单位时间内生产的商品价值总量会发生变化吗？单位时间内生产的使用价值会发生变化吗？

（3）怎样理解商品的价值与使用价值的对立统一关系？

（4）如何理解货币的本质？

（5）货币的五种职能是什么？如何理解五种职能之间的内在联系？

（6）通货膨胀和通货紧缩会对经济发展造成什么影响？

参考文献

[1] 谢地、宋冬林：《政治经济学》，高等教育出版社2008年版。

[2] 程恩富：《现代政治经济学》，上海财经大学出版社2006年版。

[3] 白永秀、任保平：《现代政治经济学》，高等教育出版社2008年版。

第二章　市场经济与市场机制

每种经济形式都有自身的运行规律和内在运行机制，这些规律和机制决定了每一种经济形式的运行特点和运行效率。本章我们重点讨论市场经济中的经济规律和运行机制。

第一节　市场的构成

一、市场与市场经济

在人类社会发展过程中，市场是与商品经济同时产生和发展的。市场有广义和狭义之分。狭义的市场是指商品交换的场所，即有形市场。如百货商店、集贸市场等，都属此类市场。广义的市场包括有形市场和无形市场。所谓无形市场，是指没有固定交易场所的市场，买卖双方靠广告、中间商等交易形式寻求货源或买主，实现交换。比如有些厂家把自己的产品名号等输入电脑信息网络，用户如果需要某种商品，可根据网上的信息，通过电话或传真进行异地交易。在这里，买卖或交换的实现过程就是市场。所以，广义的市场就是商品生产者交换关系的总和。经济学更注重从广义的角度理解市场的含义。

在市场经济条件下能够有效地把千千万万个商品生产者和消费者联系起来的唯有市场。那么，什么是市场经济？它与之前提到的商品经济有什么联系与区别呢？

商品经济本身有个发展的过程，它经历了简单商品经济和成熟的或者发达的商品经济的不同阶段。在简单商品经济时期，交换范围比较小，市场并不发达，市场配置资源的功能并不能充分地发挥出来。随着社会生产力和社会分工的进一步发展，交换范围逐步扩大，市场突破了狭小地域范围的限制，最终发展成统一的开放的国内市场和国际市场。就交换的内容而言，市场逐步发展成为包括消费品市场、生产资料市场、金融市场、劳动力市场、技术市场、信息市场、房地产市场等多方面内容的市场体系。因此，随着社会经济的全面市场化，市场配置资源的功能在社会范围内得到了充分的发挥。在这种社会化的商品经济条件下，商品生产者和经营者，根据价格、供求、竞争等市场信号和企业自身的生产经营条件，自主决定扩大或缩小某种商品的生产和需求，市场就像一只“看不见的手”，自发地调节人、财、物在社会范围内的分配。所以，市场经济（market economy）是社会化的商品经济，是市场在资源配置中起基础性作用的经济。

市场经济发展的三个阶段

市场经济的具体形态随着生产力水平的提高而不断发生变化，它的发展已经经历了三个阶段，采取了三种不同的具体形态，分别是原始市场经济、古典市场经济和现代市场经济。

（1）原始市场经济。原始市场经济又称为初始市场经济，是以手工生产力为基础，以单家独户占有生产资料为特征，在自然经济夹缝中存在，并作为自然经济补充形式的一种市场经济。它是最早的一种市场经济，因此也称为市场经济的初始阶段。它的典型形式是奴隶社会与封建社会的市场经济（小商品经济）。

（2）古典市场经济。古典市场经济又称为自由市场经济，是以机器大生产为基础，以单个厂商占有生产资料为特征，政府采取不干预的市场经济形式。典型形式是资本主义自由竞争时期的市场经济。

（3）现代市场经济。现代市场经济又称为现代型市场经济。它是指建立在现代生产力水平以及现代科学技术的基础上，以生产资料的高度集团化和国有化为特征，采取宏观调控的市场经济。现代市场经济是市场经济发展的一个高级阶段。

——摘自白永秀、任保平：《现代政治经济学》，高等教育出版社 2008 年版，第 176 页。

市场经济作为发达的商品经济，它具有平等性、竞争性、法制性和开放性的一般特征。市场经济的平等性，是指市场上经济活动的参与者之间的关系是平等的。市场经济的平等性，首先意味着交换的双方没有社会地位的差别，在市场上他们都是身份平等的买者或卖者，是商品和货币的所有者；其次意味着在市场交换中，必须遵守等价交换的原则，任何人不能用强制手段占有他人的劳动成果。否定了平等性，市场经济就不能正常运行。

市场经济的竞争性，是指经济活动的参与者之间存在广泛的竞争。竞争是商品经济的必然产物，也是市场经济的特征。在市场经济中，商品的市场价格是在竞争中形成的。因此，竞争是商品交换得以进行的前提。竞争对商品生产者和经营者形成外在压力，会促使他们不断改进技术，提高劳动生产率，并实现优胜劣汰。充分的竞争可以保证价格变化的灵敏性，使供求关系得到调整，促进资源优化配置的实现。在市场经济条件下，每个生产者和经营者也必须严格遵守公平竞争的原则。

市场经济的法制性，是指社会经济运行有健全的法制基础，生产者和经营者的经济活动依据市场经济的法规进行。俗话说，“没有规矩不成方圆”，在市场经济中，健全的法制是协调和处理矛盾、体现公平的依据和准则。市场经济中承认企业和个人的物质利益，但不是让人们为满足一己私利而不择手段，为所欲为。越是成熟发达的市场经济，法律法规越是完善。所以，市场经济又是法制经济。

无规则不能有序

据记载，篮球运动是美国人詹姆斯·奈史密斯（James Naismith）在1891年发明的。那时，人们在室内运动房的两端挂上大篮筐，计分员把球抛进场内，队员将球投入对方的球篮就算得分。由于没有规则，比赛粗暴混乱的场面时有出现。为了使比赛能有序进行，第二年奈史密斯制定了13条规则，由场上裁判员对犯规队员进行处罚。在此后的百余年间，经过多次补充修改，国际通用的篮球规则已经达到六十多条。市场经济的运行也像一场篮球赛，商品生产者和经营者在市场上就好比是篮球场上的运动员，而国家制定的法律法规相当于比赛规则，国家有关职能部门就类似于场上的裁判员。在这里，“上场的队员”都必须遵守规则，服从“裁判员”的裁决，否则，市场无法正常运行。只有“队员”技术精湛，并有明确的“游戏规则”和公正的“裁判”，能很好地控制场上平等竞争的局面，市场经济运行才能正常、有序。

想一想：

（1）如果没有相应的法律、法规会产生什么后果？

（2）某县为了保护本地的啤酒生产，自行决定在公路上设卡，对外地运销的啤酒每瓶收费5角钱。这是什么行为？这样做实际上是保护了什么？

市场经济的开放性，是指市场不是各自封闭的，全国是一个统一的大市场，并同世界市场联系在一起。开放性是市场经济的要求和内在属性。市场经济是一种交换经济，商品交换的地域越广，交换的商品数量越大、品种越多，则市场经济的发展越快，经济越繁荣。也就是说，市场经济在交换过程中，要不断地开放和扩张。市场经济发展到现代市场经济阶段，其开放和扩张范围已经是国际化和全球化，或者说已经发展成为国际化的经济。在经济全球化的过程中，不同的国家和地区通过分工发挥各自的比较优势，从而使得各国经济在互利的基础上都得到比较快的发展。在此背景下，任何一个国家闭关锁国只会导致本国经济发展缓慢和整个国民经济的落后。

以上市场经济一般特征的各种表现并不是孤立的，而是相互联系、相互制约的，其中任何一个方面受到损害，其他方面也难以实现，市场配置资源的功能就不能充分发挥。市场经济的一般特征是市场经济固有的，是各种社会条件下的市场经济的共性。市场经济的这些特征表明，通过市场可以有效地调节社会资源的分配，引导企业按照社会需要组织生产经营，并且可以对商品生产者实行优胜劣汰的选择。因此，市场经济是实现资源优化配置的一种有效形式。

二、市场的构成

任何类型的市场都要有市场主体和市场客体。

市场主体（market entity）是指从事市场交换和为了进行交换而进行生产的人和人的群体，即参与市场活动的企业、居民及其政府部门，其中最重要的市场主体是企业和居民。

企业和居民要成为市场主体，必须具备一定的条件：第一，居民和企业必须具有对交换客体的直接占有、使用、支配和处置的权力。因为市场交换的过程实质上是各经济主体之间相互让渡产权①的过程。没有对物品或财产的占有权，个人或企业就没有东西可供交换，也就不能成为市场交换的主体。从事市场交换的双方相互确认对方交换客体的所有权是平等交换的基础。第二，居民和企业必须有从事经济活动的自主权。市场主体从事经济活动的动机都是出于对自身利益的追求，要根据市场需求的变动和价格信号不断地调整自己的经济行为，必须拥有从事经济活动的自主权。只有这样，生产者才能不断地向市场

---

① 产权：是一种权利束，完整的产权包括所有权、占有权、支配权、使用权和收益权，即“四权”加上相应的收益权。其中财产的所有权或归属权是具有决定意义的，它决定了财产所有制性质，也决定了其他权能的行使和运用。在某些条件下产权的各种权能可以由掌握财产归属权的主体行使，这时，“四权”就统一归一个主体而不分离。有时，产权的几种权能也可以分解和转让，由不同的主体来行使。

提供适销对路的产品，消费者才能根据自身的需要自由地购买所需商品。最后，经济主体既有追求自身利益最大化的权利，又要有对自己的经济行为承担风险的责任。

市场客体（object of market）是指用于市场交换的物品和劳务。市场客体随着交换的发展而不断地扩大。在现代社会里，市场客体是多种多样，形形色色的。大体可以分为两类：一是有形客体，即在交换过程中人们能看得见、摸得着的交换物，如商品、货币；二是无形客体，即不以物质形式存在的市场上的交换物，如劳务、知识、信息、专利、名誉等。

第二节　市场经济的基本规律：价值规律

一、价值规律的内容及其表现形式

价值规律是商品经济的基本规律，也是市场经济的基本规律。价值规律的基本内容是：商品的价值量是由社会必要劳动时间决定的，商品交换要以价值量为基础，实行等价交换。

我们已经知道，商品的价值量不是由个别劳动时间决定的，而是由社会必要劳动时间决定的，这是不以人的主观意志为转移的。价值规律，是社会必要劳动时间决定商品价值量的规律，商品交换要以双方商品的价值量为基础，实行等价交换。因为，商品交换是生产者之间相互交换自己的劳动，两种商品都按照社会必要劳动时间决定的价值量进行交换，才能使交换成为互利的事情。如果是不等价交换，交换一方占便宜，另一方吃亏，商品交换就不能长久进行下去。从趋势上看，商品交换必然趋于等价交换。

货币出现后，商品的价值都由货币来衡量，表现为价格。等价交换也要求商品的价格应该与价值相符合。但是，在现实生活中，价格除了受商品价值的影响外，还要受到其他因素的影响，所以价格并不总是与价值一致，甚至可以说，二者经常是不一致的。价格以价值为基础，围绕价值上下波动是价值规律的表现形式，即价值规律是通过价格围绕价值波动的形式表现出来的。在市场上，为什么会发生价格与价值相背离的情况呢？这主要是由市场上商品的供给和需求不平衡引起的。当某种商品供不应求时，商品短缺，购买者争相购买，销售者趁机提高价格，商品的价格会高于其价值，而买方却不得不接受较高的价格以满足自身的需要，于是出现“物以稀为贵”的现象，这就形成了通常说的卖方市场；当某种商品供过于求时，商品过剩，销售者竞相出售，购买者持币待购，卖方不得不降低价格处理其过剩存货，从而使商品的价格低于其价值，于是出现“货多不值钱”的现象，这就形成了买方市场。可见，供求关系变化会影响商品的价格，使价格围绕价值上下波动，商品价格经常与价值不一致。

当然，价格的变动也会影响供给和需求，当某种商品的价格高于价值时，会吸引商品生产者增加该种商品的生产，从而改变供求关系，导致商品价格的下降；当某种商品的价格低于价值时，会使商品生产者减少或停止该种商品的生产，从而改变供求关系，导致价格的提高。这样，就形成了一个价格波动的运动，这个运动表现为一条曲线。人们在市场上接触到的就是价格上下波动的曲线。但是价格的涨落总是围绕着一个中心来进行，而这个中心就是商品的价值。例如，即使是供不应求，一辆普通自行车的价格再涨，也不可能比一辆汽车的价钱高；即使是供过于求，一台彩色电视机的价格再降，也不会比一台收音机便宜。这说明虽然价格受到供求关系的影响，但价格最终是由价值决定的，商品的价格是以价值为基础的。

从短暂的、个别交换过程看，价格经常背离价值，但价高者所得的正是价低者所失的，从较长一段时间来看，商品的价格总的来说仍然和价值相吻合。

价格围绕价值上下波动表明，社会必要劳动时间决定价值量是一种趋势，并作为一个规律在贯彻着。所以说，价格围绕价值上下波动不仅不违背价值规律，反而正是价值规律的表现形式，而且是唯一可能的表现形式。

二、价值规律的作用

价值规律既是商品生产的规律，也是商品价值实现的规律。在市场经济中，价值规律主要起三方面的作用。

1. 价值规律调节生产资料与劳动力在各部门之间的分配

商品的价格是围绕价值上下波动的。当某种商品供不应求，价格高于价值时，由于有利可图，许多生产者会被吸引过来生产该种商品，从而使生产资料与劳动力流入这个部门，导致该部门生产的扩大，产品供应增加。反之，当某种商品供过于求，商品的价格低于价值时，由于无利可图，甚至亏本，许多生产者就会减少或者放弃生产该种商品，从而使生产资料与劳动力从该部门退出，导致这个部门的生产缩小和产品供应减少。这样，通过市场价格的调节，使生产资料和劳动力在各个部门之间大体上保持适当的比例关系。所以说，价值规律是商品生产和商品交换发展的调节者。图 2 - 1 揭示了商品生产与商品交换之间的内在联系：

价格上涨⟶获利增加⟶生产扩大⟶供过于求

↑　　　　　　　　　　　　　　　　↓

供不应求⟵生产缩小⟵获利减少⟵价格下降

图 2－1　商品生产与商品交换之间的内在联系

牛蒡价格的涨落

20 世纪 90 年代，牛蒡这种中药材的收购价曾经达到每千克 15 元人民币，巨大的利润促使许多药农一哄而上，纷纷种植牛蒡。几年之后，市场开始出现严重的供过于求，到 2002 年底，牛蒡的价格跌至每千克 0. 2 元人民币，致使药农缩减其种植面积。

想一想：

（1）牛蒡价格的涨落是怎样影响药农的生产活动的？

（2）怎样才能减少牛蒡价格暴跌带来的损失？

2. 价值规律刺激生产者改善生产技术，改善经营管理，提高劳动生产率

根据价值规律的要求，商品是按照社会必要劳动时间所决定的价值量来进行交换的。因此，如果某个商品生产者率先采用先进技术，改善经营管理，提高劳动生产率，生产商品的个别劳动时间就会低于社会必要劳动时间，在商品交换中该商品生产者就获得较多利润。反之，那些劳动生产率较低，个别劳动耗费较高的生产者，只能获得较少的利润，甚至不能弥补自己的劳动耗费。这种情况必然会刺激商品生产者努力改进技术、改善企业的经营管理，提高劳动生产率。

提高劳动生产率

获得额外收益，是商品生产者改进技术、改善经营管理、提高劳动生产率的内在动力。商品生产者之间的激烈竞争则是其外在的压力。这种情况必然促进社会生产力的巨大发展。在历史上，铝制品曾是一种高贵的物品，铝比金还难获得，因而才有了前面提到过的拿破仑的铝碗、军旗铝星和沙皇铝奖杯的故事。19 世纪末发明了电解制铝的方法，生产铝的劳动生产率翻了数番，花费比较少的劳动时间就可获得大量的铝。此时，1 克金的价值要比 1 克铝的价值高得多。又

如，长期以来，印刷行业一直是铅字排版，机器印刷，20 世纪 80 年代出现了电子计算机排版印刷，劳动生产率成倍提高，使得印刷行业的面貌得到了根本的改观。

想一想：

商品生产者提高劳动生产率的手段和目的是什么？

3. 价值规律促进商品生产者在竞争中优胜劣汰

商品生产者的生产条件各不相同，生产条件好的企业，生产商品的个别劳动时间低于社会必要劳动时间，因而获利较多，能够不断扩大生产，更新设备，进一步改善生产条件，在竞争中处于更有利的地位，就会不断地因优取胜。反之，生产条件差、经营管理水平低的企业，无力改善生产条件，在竞争中处于不利地位，甚至遭到淘汰。

价格不能太离谱

中秋节是中国的传统佳节，赏月、吃月饼是传统习俗。某年的中秋节，月亮还是那么圆，还是那么亮。但是月饼的价格却窜上了新台阶，每盒 200 元、400 元、900 元，乃至上千元，价格高得令人咋舌，被人们称为“贵族月饼”。普通老百姓感慨地说：“我宁可不吃月饼，也不能让月饼吃了我。”

商品的种类不同、质量有别，购物环境不同，允许有差价，这是可以理解的。比如，一瓶易拉罐饮料在普通商店标价 5 元，在五星级的大酒店则可卖到 20 元。这是因为高档舒适的购物环境增加了商品的“隐含价格”。但是，正如任何事物都有个度一样，价格也是如此，不能太离谱。比如，一套名牌高档时装的价格为 2 000 元，实际上面料成本 500 元，加工费、税额等最多不超过 500 元，其利润竟达 100%。又如，双黄莲蓉月饼，用面粉 50 克，蛋黄 2 个，莲蓉馅、糖和油共 75 克，利润按 100% 计算，一块月饼也仅值数元，可市场上每盒装 4 块卖 60 元，有的近百元，一块月饼的利润是其成本的数倍。这样的价格实在太离谱了。

想一想：

（1）商品价格的度是什么？为什么会出现离谱的价格？

（2）这种离谱的价格对消费者是不利的，那么，对生产者和经营者最终又会有什么影响呢？

第三节　经济运行中的市场机制

价值规律的作用机制是市场机制（market mechanism），它是市场经济的核心。

一、市场机制的含义及其特点

1. 市场机制的含义

市场机制也称市场运行机制，是指市场各种要素相互结合、相互影响、相互制约共同自动调节社会经济运行的一种经济机制。市场机制是市场内部运动的基本形式，它的基本构成要素有：市场供求、市场竞争和市场价格。其中市场价格是市场机制的核心要素。供不应求时，价格高于价值；供过于求时，价格低于价值；只有供求一致，价格与价值才会一致。供求关系对价格的影响和调节又以市场竞争为中介。所以，供求通过竞争可以影响和调节价格，而价格的高低通过竞争又可以影响和调节供求。市场机制的各种要素相互作用、有机联系的过程是：市场价格—市场竞争—市场供求—市场竞争—市场价格。供求、竞争、价格三者之间相互作用的过程，是一个循环往复的过程（见图2－2）。我们通常把市场机制的三个要素分别称为供求机制、竞争机制和价格机制。

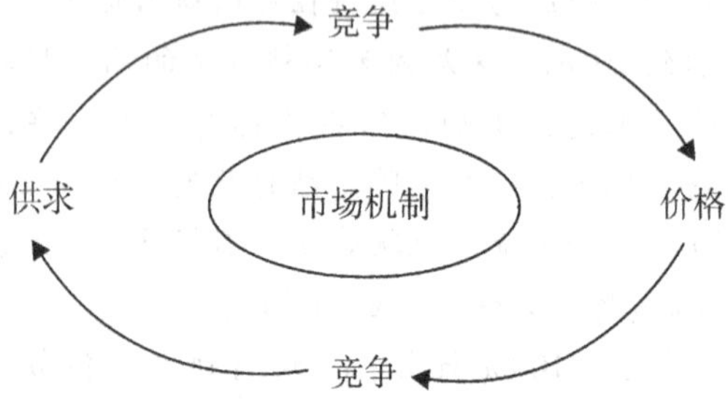

图2－2　市场机制各要素的相互作用过程

2. 市场机制的特点

市场机制作为市场经济的基础调节机制具有一些特点。

第一，内在性。市场机制的调节来自市场要素之间的因果关系，而不需要外力的干预和推动。这种内在性又源于商品生产者对自身利益的追求，正是在这个意义上，市场机制被认为是社会经济机体的生理机制，具有自动调节的功能。

第二，利益相关性。市场机制的本质特征在于它本身包含着经济利益，并能够通过经济利益调动商品生产者的积极性，使经济效益好坏直接同企业和个人的利益相关联。而作为市场主体的企业，必须具有独立的经济利益，这是市场机制正常运行的前提条件，否定了企业应有的经济利益，也就否定了市场机制和市场经济本身。

第三，灵活性。市场机制的灵活性是通过市场要素的弹性表现出来的，市场供求变化和价格波动的经常性，以及市场机制直接协调人们经济利益的特点，保证了这种灵活性的实现。为了追求利益最大化，企业必须及时、灵敏地对市场供求关系作出反应，根据市场价格信号来调整自己的生产规模和生产方向。

第四，客观性。市场机制运行过程的实质就是价值规律发挥作用的过程，在价值规律的作用下，市场主体受到外部竞争的压力，竞争越充分，市场机制调节的功效越大。

二、市场机制的构成

1. 供求机制

供求机制是指通过供给和需求的相向运动自动调节社会经济运行的经济机制。在市场上供给和需求的关系就是生产和消费的表现形式，它们两者相互依存、互为条件，构成矛盾的对立统一。就某个时间看，供求关系存在两种特性，一种是供给和需求相适应，形成供求平衡状态；另一种是供求偏离，形成失衡状态。供求失衡又有两种状况，一种是供过于求，另一种是供不应求。一般来说，供求平衡是相对的，而供求彼此的失衡则是绝对的。

从长期发展过程看，供求关系表现为失衡到平衡，又从平衡到失衡，再到平衡的循环往复的过程，这个过程就是供求机制发挥作用的过程。假如在某一时点上的供求格局表现为供过于求，即为买方市场。在竞争条件下，必然形成卖方之间的竞争，竞争结果导致价格的下降，面对价格下降，生产者和需求者都会作出反应，生产者会退出该市场或者减少供给量，而需求者则会进入该市场或增加购买量。结果供求格局会由供过于求转变为供求平衡甚至供不应求。反过来，假如某一时点上供求格局表现为供不应求，即卖方市场，必然会引起买方之间的竞争，竞争的结果导致价格上升，从而影响市场主体的行为，使供求格局由供不应求向供求平衡甚至是供过于求转化。如果我们把许多场合下供求关系的相互交替运动作为一个长期的过程和整体来看，供求必然会以某种平均数的形式趋于平衡。

2. 竞争机制

竞争是市场主体为了自身利益而各尽其能的过程，也是自动调节经济运行的一种经济机制。竞争是市场经济的必然产物，是价值规律发挥作用的具体形式。在市场经济条件下，一方面，市场上所有的经济主体都处于平等的经济地位，具有实现自身经济利益的平等权利和机会。另一方面，在同一市场上不同经济主体之间的利益在客观上存在此消彼长的矛盾性。正是在这种权利平等、利益矛盾的基础上产生了竞争这一社会选择机制。在市场经济运行中，供求调节价格，价格影响供求，都是通过竞争来实现的。所以，竞争作为社会选择机制起着重要的调节作用。

3. 价格机制

价格机制就是一种通过价格变动调节社会经济运行的经济机制。价格是商品价值的货币表现，有狭义和广义之分。狭义的价格是指商品的价格；广义的价格除了商品价格之外，还包括工资、利率、地租等生产要素的价格。从价格机制的角度分析价格，指的是广义价格。

市场机制对经济运行的调节作用最终都可以归结为价格机制的调节。市场供求关系是通过价格的涨落表现出来的，市场竞争归根到底是一种价格竞争，价格既是一种均衡机制，又是一种利益调节机制。因此，价格机制是市场机制的核心。

三、市场机制的功能与作用

1. 市场机制的功能

市场机制的功能是指由市场机制的内在结构所决定的功能。主要体现在两个方面：

一是信息传递功能。在市场上，商品和生产要素价格的涨落，灵活地反映出商品和生产要素的供求状况。企业和居民正是根据价格信号来调整自己的行为。某种商品或生产要素价格上升，表明该种商品或生产要素供不应求，原有的生产者会增加生产，扩大供给，新的生产者因为有利可图也会纷纷加入该商品的生产行列。而该商品和生产要素的需求者则会因价格上升而减少对其的需求量，结果使该种商品和要素的供求逐渐趋于平衡。反之，如果某种商品和要素的价格下降，表明该商品和要素供过于求，供给者和需求者也会调整自己的经济行为，进而影响供求关系。作为宏观经济主体的国家也会根据价格信号改变政策导向，以便更有效地影响经济运行过程，实现既定的社会经济目标。

二是利益分配功能。市场上价格、工资、利率等的变动，都会对各经济主体的利益进行分配和重新分配。比如消费品价格的变动，导致利益在消费者和生产者之间、不同消费者与不同生产者之间的重新分配；生产资料价格变动，导致利益在生产资料生产者与需求者之间、生产者内部之间和需求者内部之间的重新分配；工资变动会导致利益在劳动力供给者与劳动力需求者之间的重新分配。

2. 市场机制的作用

市场机制的作用是指市场机制的内在功能对经济运行的影响过程。市场机制对经济运行发挥的调节作用主要体现在市场机制具有联系作用、刺激作用和资源配置作用。

首先，市场机制的联系作用是指通过市场交换活动把千千万万个微观经济主体联系起来，形成一个社会生产有机整体。

其次，市场机制的刺激作用是指市场机制的利益分配功能能为企业提供压力和动力，使企业增加积累，加快技术革新，改善经营管理，提高劳动生产率，增强自我生存、自我发展的能力。

再次，市场机制的资源配置作用是指通过信息传递和利益分配功能，引导企业和居民调整自身的生产和消费行为，使生产资源尽可能流向效率比较高的部门和地区，使资源得到合理的配置和利用。

3. 市场机制调节经济的局限性

与其他资源配置方式相比，市场机制是一种较优的资源配置方式。但是市场机制并不是万能的和十全十美的经济机制，其本身存在一定的缺陷。

第一，市场调节目标偏差。在实现国民经济整体运行目标时，如提高人民生活水平、保持国民经济的稳定、促进经济增长、优化生态环境等，单纯受市场机制引导的企业极易在追求企业利润最大化的过程中偏离国家宏观经济目标，使国家宏观计划落空。

第二，市场机制的调节程度是有限的。这是指市场机制对有些领域和部门的调节力度有限，甚至是无能为力的。这里主要是指公共物品的生产、存在外部性的行业以及垄断，而这些称为市场失灵①。

首先，市场机制不能调节公共物品的生产。市场调节是对局部社会经济活动的调节，其调节范围是以营利为目的的生产经营活动，而对社会生活中相当一部分非营利的经济活动，如环境保护、国防产品、社会治安、基础设施建设

① 关于市场失灵问题，详见本书第六章相关内容。

等，市场是无能为力的。这就是说，在这些领域市场是失灵的，需要通过政府的干预来向社会提供必要的公共物品。

其次，市场机制不能解决外部性问题。所谓外部性是指一个人或企业的行为对他人造成影响，而又未将这些影响计入市场交易的成本与价格之中。外部性又称为外部效应，包括正外部性和负外部性两种情况。正外部性是指某个经济行为主体的活动使他人或社会受益，而受益者又无须花费代价。例如，某住户种植花卉树木会使周围的住户受益，而周围的住户无须向该住户付费。负外部性是指某个经济行为主体的活动使他人或社会受损，而造成负外部性的人却没有为此承担成本。例如，在公共场所吸烟会给被动吸烟者造成损害。外部性的存在导致市场配置资源失当和市场效率损失。

最后，市场机制调节有内在的垄断趋势。垄断者凭借其垄断地位以垄断价格销售产品，从而获得垄断利润。由于垄断价格要高于均衡价格，垄断产量要低于均衡产量，所以会带来效率的损失。

第三，完全由市场机制调节收入分配，会导致贫者愈贫，富者愈富的两极分化现象。市场进行收入分配的原则是按生产要素分配，市场交易在原则上是平等和等价的。但是由于个人的资源禀赋不同，即竞争的起点不同，即使竞争过程是公平的，结果也不可能是公平的。市场机制是“嫌贫爱富”的，纠正收入分配差距过大的问题需要政府对国民收入进行再分配。

猪肉价格的上涨

2007 年 5 月以后，内地猪肉价格暴涨成为各地热议的话题，全国多个省区的猪肉价格都达到了历史高点，而猪肉价格的上涨也拉动了其他肉类产品的价格上涨和波动。

此次肉价的快速上涨原因复杂，是由诸多因素的综合影响造成的。其一，受生猪价格周期性波动的影响。2006 年上半年，国内生猪市场价格持续低迷，2006 年 5 月生猪价格跌入最低谷，每公斤为 5.96 元，整个养猪业处于亏损状态。受 2006 年上半年养猪收益较低的影响，一些地区的农户减少生猪饲养。2006 年下半年虽然价格逐渐回升，生产开始恢复，但由于生猪繁殖饲养周期需要一年时间，目前的生猪价格仍处于运行周期的上升期，此次价格波动正是 2006 年以来周期波动的反映。其二，养殖成本增加。自 2006 年底开始，作为主要饲料原材料的玉米价格持续上升，到 2007 年 5 月份已经达到每公斤 1.55 元，比上年同期上涨 16% 左右。其三，市场需求拉动。随着城乡居民收入的不断增长，国内猪肉的消费呈增长趋势。据有关部门统计，2007 年 1—4 月，农村居民猪肉消费同比增长15.1%，北京市猪肉消费同比增长10%。

想一想：

(1) 运用价值规律分析猪肉价格上涨的原因。

(2) 依据价值规律分析如何解决猪肉价格上涨的问题。

本章小结

市场是商品交换的场所，是商品生产者交换关系的总和。市场经济作为发达的商品经济，它具有平等性、竞争性、法制性和开放性的一般特征。任何类型的市场都有市场主体和市场客体。

价值规律是商品经济的基本规律，也是市场经济的基本规律。商品的价值量是由社会必要劳动时间决定的，商品交换要以价值量为基础，实行等价交换，这是价值规律的基本内容。商品价格受供求关系影响，围绕价值上下波动，则是价值规律的表现形式。价值规律的作用：第一，价值规律调节生产资料与劳动力在各部门之间的分配。第二，价值规律刺激生产者改进生产技术，改善经营管理，提高劳动生产率。第三，价值规律促使商品生产者在竞争中优胜劣汰。

市场机制也称市场运行机制。它是指市场各种要素相互结合、相互影响、相互制约，共同自动调节社会经济运行的一种经济机制。市场机制是市场内部运动的基本形式，它的基本构成要素有：市场供求、市场竞争和市场价格。其中市场价格是市场机制的核心要素。市场机制对经济运行发挥的调节作用主要体现在市场机制具有联系作用、刺激作用和资源配置作用。与其他资源配置方式相比，市场机制是一种较优的资源配置方式。但是市场机制并不是万能的和十全十美的经济机制，其本身存在一定的缺陷。

本章主要概念

市场；市场经济；市场主体；市场客体；买方市场；卖方市场；市场机制；价值规律

思考题

(1) 市场经济的基本特征是什么？说明市场经济与商品经济的区别与联系。

(2) 价值规律的作用表现在哪些方面？

(3) 市场机制的构成要素是什么？市场机制有什么特点？

（4）市场机制的功能与局限性表现在哪些方面？

（5）什么是市场主体和市场客体？

（6）价格既不能无限上涨，也不能无限下跌的原因是什么？

参考文献

［1］田国强、张帆：《大众市场经济学》，上海人民出版社 1993 年版。

［2］白永秀、任保平：《现代政治经济学》，高等教育出版社 2008 年版。

［3］程恩富：《现代政治经济学》，上海财经大学出版社 2006 年版。

第三章　市场的供给和需求

市场是由买卖双方组成的，是供给和需求的对立统一。供求是市场运作的最基本的机制，供求法则也是经济学研究市场运行的最基本的工具。本章先分别分析需求与供给，然后再将它们结合在一起，研究市场均衡的条件、供求理论的运用和政府对价格的干预。

第一节　需求量与需求

一、需求表与需求曲线

人们通常认为消费者的需求量是个定值。如，当生产设计者设计出一款新电脑时，管理者会问："它的市场潜力有多少？"即可以出售多少台？这种问题很难回答，因为没有单一答案。任何商品的需求量是多少，要看很多因素，其中最重要的是价格，销售者能卖出多少台，取决于电脑价格的定位。如果其他因素都不变，价格越高，卖出的台数越少。用经济学的术语讲，需求量是价格的函数，有一个价格，就有一个对应的需求量，价格变了，需求量也相应地发生变化。我们给需求量下个定义：假定其他因素都不变，一种商品的需求量是在给定价格下消费者愿意并且能够购买的该商品的数量。

现在我们以牛奶的需求问题作为价格与需求量关系的实例。在其他因素不变的条件下，若牛奶价格提高了，消费者就会寻找降低牛奶需求的方式，他们会用豆浆或果汁等代替牛奶，这时消费者对牛奶的需求量就会减少。若牛奶的价格下降了，人们则转而选择牛奶，牛奶的需求量就会增加。根据人们在不同价格下对牛奶的需求量，我们可以用需求表（demand schedule）和需求曲线（demand curve）记录下来。牛奶的需求表如表 3 - 1 所示：

表 3－1　牛奶的需求表

价格（元/公斤）	需求量（公斤）
10	100
14	80
18	60
22	40
26	20

根据牛奶的需求表，我们可以得出一定时期牛奶的需求曲线，如图 3－1 所示。图中纵轴 *OP* 表示价格，横轴 *OQ* 表示需求量，每一点表示价格和需求量的不同组合，把这些点连接起来就得到了牛奶的需求曲线。需求曲线表示某一时期所有可能价格下消费者愿意并且有能力购买的某种商品的数量。需求曲线是一条向右下方倾斜的线，表明价格越高需求量越少，需求曲线的斜率为负。

向下倾斜的需求曲线反映了一条现实生活中的规律，即需求法则（law of demand）：在通常情况下，如果其他条件不变，一种商品的价格越高，需求量越小；反之，价格越低，需求量越大。

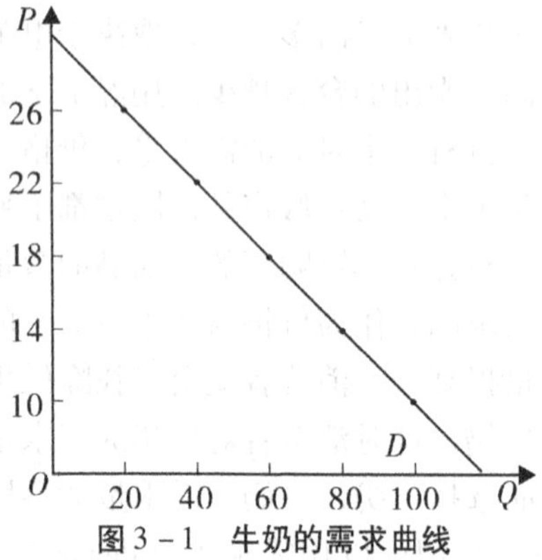

图 3－1　牛奶的需求曲线

二、影响需求的因素

以上我们在分析价格与需求量的关系时，假定了其他因素不变，就牛奶的价格变动与需求量变动的对应关系，我们得到了一条代表了若干组价格——需求量关系的需求曲线。但是现实中其他因素是不断变化的。牛奶的需求量不仅受到牛奶价格的影响，还要受其他诸多因素的影响。影响商品需求量的因素主要有：

（1）商品本身的价格。一种商品的需求量与其价格呈负相关关系，即价格越高，需求量越小；价格越低，需求量越大。这在前面已经分析过。

（2）相关商品的价格。各种商品之间存在着不同的关系，所以，相关商品的价格变动也会影响某种商品的需求。商品之间的关系有两种：一种是替代关系，一种是互补关系。替代关系是指两种商品可以相互替代满足同种欲望，它们之间是可以相互替代的，是替代品（substitutes）。如牛奶和豆浆，牛肉和羊肉，等等。当牛奶的价格上升了，人们就会用豆浆代替牛奶，豆浆的需求量就会增加，牛奶的需求量就会减少。反之，牛奶的价格下降了，人们就会减少豆浆的需求量，增加对牛奶的需求量。可见两种替代商品之间的价格与需求量成同方向变动。互补关系是指两种商品共同满足一种欲望，它们之间是相互补充的，两者是互补品（complements），如录音机与磁带、眼镜框与镜片，等等。一种商品价格上升时，对其互补品的需求量就减少。反之，当一种商品价格下降时，对其互补品的需求量就增加。可见，两种互补商品之间的价格与需求量成反方向变动。

（3）消费者的收入水平。对多数商品来说，当消费者的收入水平提高时，就会增加对商品的需求量。相反，当消费者的收入水平下降时，就会减少对商品的需求量。

（4）消费者的偏好。当消费者对某种商品的偏好增强时，对这种商品的需求量就会增加。相反，当偏好程度减弱时，对这种商品的需求量就会减少。

（5）消费者对商品的价格预期。当人们预期某种商品的价格在下一期会上升时，就会增加对这种商品的现期需求量；当人们预期某商品价格在下一期会下降时，就会减少对该商品的现期需求量。

三、需求变动：需求曲线的移动

在现实中，一种商品的需求量是随着经济环境的变化而发生变化的。除了价格之外，任何一种影响需求的因素发生变化时，都会使整条需求曲线发生位移，经济学称这种移动为“需求线的移动”，表示在每一个既定的价格水平下需求数量的增加或减少，即整个需求状况的变化。如图 3－2 所示，任何一种在每一价格下增加需求量的变动都会使需求曲线向右移动，同样，任何一种在每一价格下减少需求量的变动都会使需求曲线向左移动。

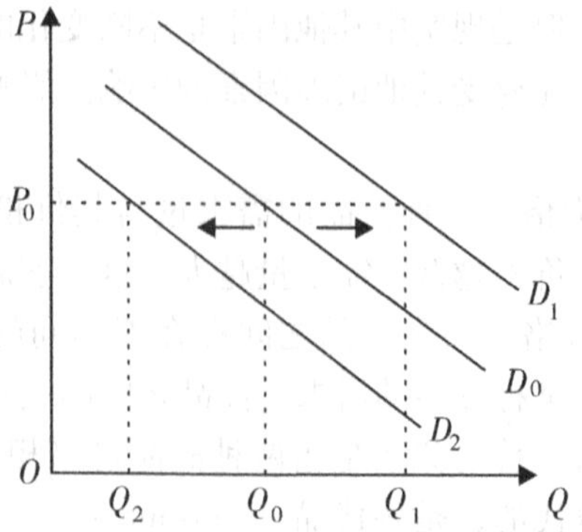

图 3-2　需求、需求变动与需求曲线位移

这里提醒大家注意的是，要区别需求的变化与需求量的变化。需求的变化是指除了商品自身的价格之外，影响需求的一种因素发生了变化，而引起的需求的变化。例如，当收入增加时，即使价格不变，消费者想要购买的牛奶的数量也会增加，也就是说较高的收入增加了牛奶的需求，使牛奶的需求曲线向右移动。

与此不同的是需求量的变化，当牛奶的价格下降时，在其他条件保持不变的情况下，消费者倾向于买更多的牛奶。但是，牛奶购买量的增加并不是来自对牛奶需求的增加，而是来自牛奶价格的下降。这一变化代表了沿着牛奶需求曲线变动时其他影响需求的因素不变。

第二节　供给量与供给

一、供给表与供给曲线

需求只是市场的一个侧面，另一侧面是供给。像需求一样，供给量也不是一个固定的数值。供给也受许多因素的影响，其中最主要的是价格。供给量是给定价格下生产者愿意并有能力生产和出售的产品数量。同价格与需求量之间的关系不同的是，价格与供给量之间的关系一般说是同方向的，价格越高，供给量越大，价格越低，供给量越少。为什么存在这样的关系？因为当一种商品价格上升时，企业增加该种商品的产量可以获得更多的利润。

上述价格与供给量的关系，我们同样也可以用供给表（supply schedule）和供给曲线（supply curve）来表示。表 3-2 表示的是在一定时期内在各种可能的价格水平上，卖者所愿意提供的牛奶的数量：

表 3－2　牛奶的供给表

价格（元/公斤）	供给量（公斤）
10	20
14	40
18	60
22	80
26	100

根据牛奶的供给表，我们可以得出一定时期牛奶的供给曲线，如图 3－3 所示，图中的纵轴 *OP* 表示价格，横轴 *OQ* 表示供给量，每一点表示价格和供给量的不同组合，把这些点连接起来就得到了牛奶的供给曲线。

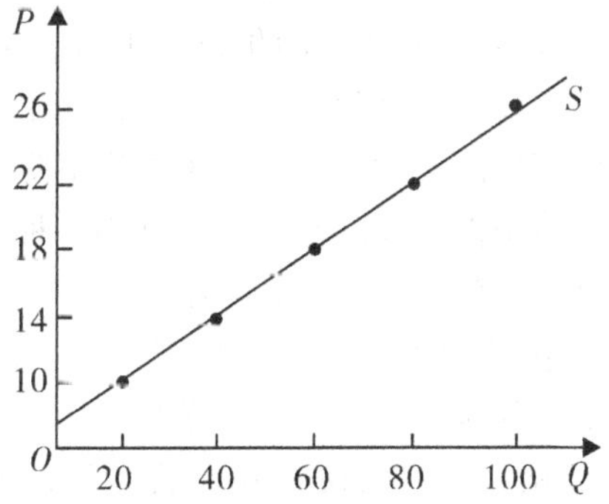

图 3－3　牛奶的供给曲线

供给曲线是一条向右上方倾斜的曲线，斜率为正，表明价格与供给量之间有着同向关系。因此，如果其他条件不变，一般来说，某种商品的价格越高，该商品的供给量就越大；反之，价格越低，供给量越少，价格与供给量是同方向变动的。这就是供给法则（law of supply）。

二、影响供给的因素

由于供给曲线仅表示在其他因素固定不变时，价格与产品供给量变动的对应关系，即商品价格的变化将使供给量沿着一条固定的供给曲线移动。然而现实中价格不是影响供给量的唯一因素，还有很多的因素影响市场的供给量。概括起来影响供给的因素有：

（1）商品的价格。正如上面分析的，牛奶的价格是其供给量的一个决定因素。当牛奶的价格高时，出售牛奶是有利可图的，因此其供给量也大。作为农场主愿意雇佣更多的工人、饲养更多的奶牛，增加牛奶的供给量。相反，当牛奶的价格低时，对牛奶的生产经营不利，农场主会选择减少牛奶的供给量。

（2）生产成本。决定生产成本的一个重要因素是投入品的价格，投入品的价格会影响产品供给。如钢材的价格下降了，汽车的成本相应降低，在每一个价格下生产者愿意提供的汽车数量增加。反之，钢材的价格上升了，生产汽车的成本相应增加，生产者会减少提供汽车的数量。因此，一种商品的供给量与生产该种商品所投入的生产要素的价格成负相关的关系。

（3）技术。把各种生产要素变为产品的技术也是供给量的决定因素之一。生产技术水平的提高，或者新技术的出现，可以使生产者使用更少的生产要素生产出同样数量的某种产品，使生产成本降低，从而增加产品的供给。

（4）预期。如果预期未来某种商品的价格会上升，那么现在减少出售而在未来价格上升时再出售该商品就有利可图。同样，如果预期未来某种商品的价格会下降，增加现在该商品的出售，而在未来价格下降时减少该商品的出售就是有利的。因此，在其他条件不变的情况下，预期一种商品的未来价格会上升，该商品现在的市场供给会减少，反之，供给增加。

（5）供给者的数量。在其他条件不变的情况下，生产同一种产品的厂商数量越多，该产品的供给也就越多，反之，就越少。

（6）政府的税收和补贴。政府的税收和补贴也会影响企业对某种产品的生产，从而影响企业对该种产品供给的数量。如果政府增加对某种产品的税收，企业会减少该种产品的生产，使其供给减少。如果政府对生产某种产品给予更多的补贴，企业会增加该种产品的生产，使其供给增加。

三、供给的变动：供给曲线的移动

当商品价格发生变化时，厂商会改变其生产和供给量，但是，这只是在同一条供给曲线上点的移动，在经济学中称这种变化为供给量的变化。

除了商品价格以外，任何一种影响供给的因素的变动都会使供给曲线移动。如图3－4所示，经济学称这种移动为“供给线的移动”，表示在每一个既定的价格水平下供给数量的增加或减少，即整个供给状况的变化。

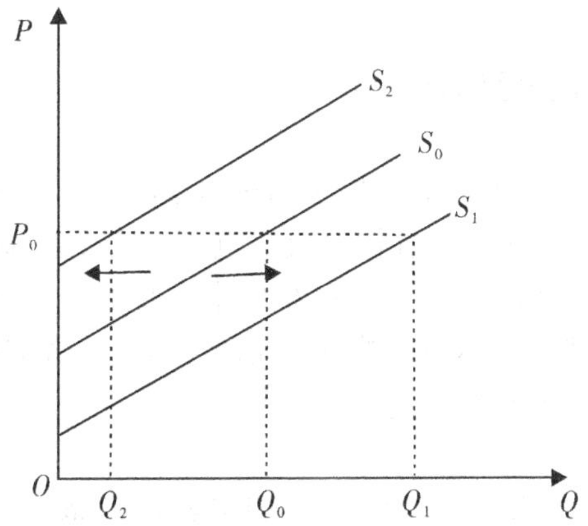

图 3－4　供给、供给变动与供给曲线的位移

任何在同一价格水平下增加供给量的变动都会使供给曲线向右移；同样，任何在同一价格水平下减少供给量的变动都会使供给曲线向左移。假设糖的价格下降了，这种变化将如何影响冰激凌的供给呢？由于糖是生产冰激凌的一种投入品，它的价格下降，使生产冰激凌的成本降低，销售冰激凌更有利可图，进而冰激凌的供给增加，即在任何一个既定的价格水平下，卖者都愿意生产更多的冰激凌。所以，冰激凌的供给曲线向右移动。

总之，供给量的变动是在所有其他影响供给的因素不变时，由某种商品的价格变动引起的该商品的供给量的相应变动，这是在同一条供给曲线上点的移动；供给的变动是指在某种商品价格不变时，由于其他影响供给的因素发生变化时，使供给曲线发生位移，表明在任一既定价格水平下该种商品供给的变化，即供给状况的改变。

第三节　市场均衡

市场是由供给与需求组成的。同样的价格下，供给量与需求量一致时，或者说，对同一数量的商品，买主和卖主出的价钱一致时，市场交易才达到均衡。此时，商品的需求价格与供给价格相等称为均衡价格（equilibrium price），该商品的需求量与供给量相等称为均衡数量（equilibrium quantity）。那么，在市场上买卖双方怎样就价格达成一致，均衡价格是怎样形成的呢？

一、均衡价格的形成

在市场经济中，均衡价格是在需求与供给这两种力量竞争过程中自发形成的，均衡价格的形成过程就是价格的决定过程。需要强调的是，均衡价格形成，即价格的决定完全是自发的，如果有外力的干预（如垄断力量的存在，或者国家的干预），那么，这种价格就不是均衡价格。我们用表 3－3 和图3－5为例，说明均衡价格的形成过程：

表 3－3　鸡蛋的市场供给表与需求表

供给量（公斤）	价格（元/斤）	需求量（公斤）
50	2.00	170
80	2.50	140
110	3.00	110
140	3.50	80
170	4.00	50

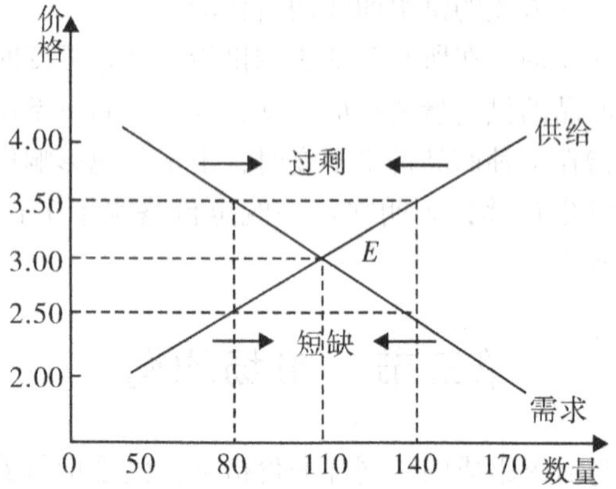

图 3－5　市场均衡

我们可以假设，在市场上有个人是叫价者。当他先报出每斤鸡蛋的价格是 3.50 元时，消费者觉得太贵，只想买 80 公斤，而供给量是 140 公斤，鸡蛋的供给量大于需求量，出现了供给过剩，有部分鸡蛋卖不出去，必然降价；当报价者报出每斤 2.50 元时，生产者觉得价格太低，只愿意提供 80 公斤的鸡蛋，而消费者觉得价格便宜，想买140公斤，结果供给量小于需求量，出现了供给短缺，鸡蛋供不应求必然提价；叫价者多次报价，最终会叫到每斤3.00元，这时消费者愿意购买的数量是110公斤，而生产者在这个价格水平下愿意提供的数量也是110公斤，供求相等，鸡蛋的均衡价格就是每斤3.00元，均衡数量是110公斤。正是市场上买卖双方自发的竞争过程决定了鸡蛋的价格是3.00元。这是供求双方都可以接受的价格，也就是均衡价格。表现在图3－5中，供给曲线与需求曲线只在一点（即E点）上相交，与E点对应的价格是3.00元，对应的供给量与需求量是110公斤，此时市场出清，鸡蛋市场处于均衡状态。

根据以上例子可以看出，在自由市场上，如果最初价格高于市场出清水平，生产者会试图生产和销售更多的产品，从而超过了消费者愿意购买的数量，供给量大于需求量的状态就会发生。为了销售过剩的产品或者为了阻止进一步的过剩，生产者不得不开始降价销售其产品。随着价格下降，需求量开始上升，供给量下降，直到达到均衡价格为止。如果最初价格低于市场出清水平，就会出现相反的情况，需求量大于供给量，短缺将带来价格向上调整的压力，生产者的反应将会是抬高价格，扩大生产。而随着价格的上升需求量又会减少，直到市场出清即供给量与需求量相等为止。在这一点上，既不存在超额的供给，也不存在超额的需求，因此，也不存在使价格进一步变动的压力。当然，供给与需求并非总是处于均衡状态的，而且，某些市场或许不能在市场状况突然发生变化时马上出清，但是市场总的趋势是可以出清的。

可见，在无外力干预的情况下，任何低于均衡价格的价格必然上涨，任何高于均衡价格的价格必然下降。经济规律赋予均衡点神秘的磁力，就像地心引力吸引钟摆一样。我们把这称为供求法则：在自由市场上，供给和需求的力量一般总会把价格推向均衡水平，在均衡价格下供给量与需求量相等。用经济模型来表示，决定均衡价格的条件为：

$$D = f_1(P) \quad (1)$$

$$S = f_2(P) \quad (2)$$

$$D = S \quad (3)$$

（1）式是需求函数，（2）式是供给函数，（3）式是供求相等，即均衡价格决定公式，也就是当$D=S$时，就可以得出均衡价格的值。

二、需求与供给的变化对均衡价格的影响

前面已经讲过，除价格自身以外的任何其他影响需求与供给的因素的变动，都会使供给与需求发生变化，引起供给曲线或需求曲线的整体位移，进而引起均衡价格和均衡数量的变动。

1. 需求变动对均衡价格的影响

需求变动是指价格不变的情况下，影响需求的其他因素变动所引起的需求增加或者减少，表现在图形上为需求曲线向右或向左平行位移。需求曲线的移动必然影响到均衡价格和均衡数量。假定供给不变，消费者收入水平的提高，使每一个价格水平下需求量增加了，需求曲线就会向右平行移动，如图 3－6 所示，需求曲线由 D_0 移到 D_1。这时，原均衡价格下的供求已不均衡，供给小于需求，产生短缺。为使供求重新相等，均衡价格必须上升。图中 P_0 为原均衡价格，P_1 为新的均衡价格，$P_1 > P_0$，均衡数量也由原来的 Q_0 增加到 Q_1。在供给曲线保持不变的情况下，需求曲线的任何向右移动都会使均衡价格提高，均衡数量增加。如果消费者的收入水平下降，每个价格水平下需求量都减少了，需求曲线就会向左平移，即由 D_0 移至 D_2，此时市场供过于求，均衡价格降低为 P_2，均衡数量减少为 Q_2。

结论是：需求变动引起均衡价格与均衡数量同方向变动。

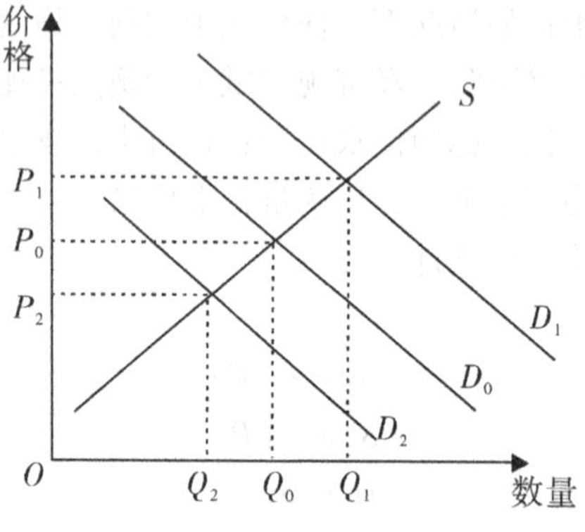

图 3－6　需求变动对均衡价格的影响

2. 供给变动对均衡价格的影响

供给变动是指价格不变的情况下，影响供给的其他因素变动所引起的供给

增加或者减少。供给变动表现在图形上为供给曲线的平行位移。如图 3－7 所示，假如需求不变，供给增加，供给曲线右移，由 S_0移到 S_1。供给增加会使在原均衡价格（P_0）下供过于求。为使供求相等，均衡价格必须降低，$P_1 < P_0$，同时均衡数量由 Q_0增加至 Q_1。相反，供给减少，会使供给曲线左移，由 S_0移到 S_2，使均衡价格上升为 P_2，均衡数量减少为 Q_2。

结论是：供给变动引起均衡价格反方向变动，均衡数量同方向变动。

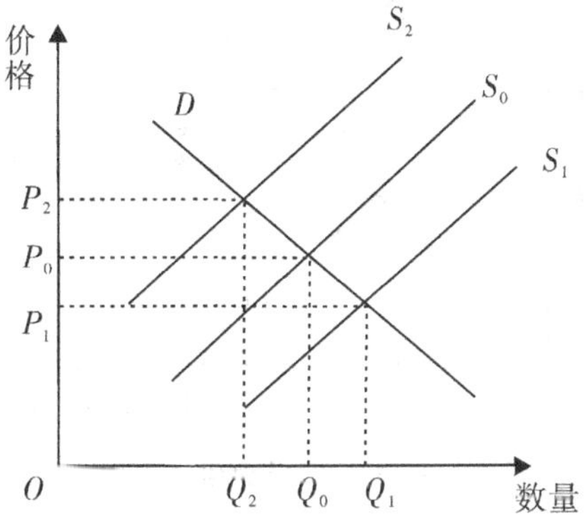

图 3－7　供给变动对均衡价格的影响

如果需求曲线和供给曲线同时发生变化，均衡价格和均衡数量的变化，就取决于供给曲线和需求曲线的相对移动方向和幅度。大家可以试着画几张图，找出供给曲线和需求曲线左右移动不同方向、不同幅度的若干种组合。

3. 供求定理

我们从上述关于需求与供给变动对市场均衡影响的分析中总结出供求定理：

第一，需求增加引起均衡价格上升，需求减少引起均衡价格下降；

第二，需求增加引起均衡数量增加，需求减少引起均衡数量减少；

第三，供给增加引起均衡价格下降，供给减少引起均衡价格上升；

第四，供给增加引起均衡数量增加，供给减少引起均衡数量减少。

案例分析：

假定有位同学画出一张供求图（见图 3－8），解释在其他条件不变时，橘子价格的变化是如何影响苹果市场的。他说："因为苹果和橘子互为替代品，橘子的价格上升会导致苹果的需求曲线右移，由

D_1移至D_2，此时苹果的价格也上升到P_2，价格上升又使消费者购买苹果的意愿下降，从而需求曲线又从D_2左移到D_3，形成了最终的均衡价格P_3。”你同意这位同学的分析吗?

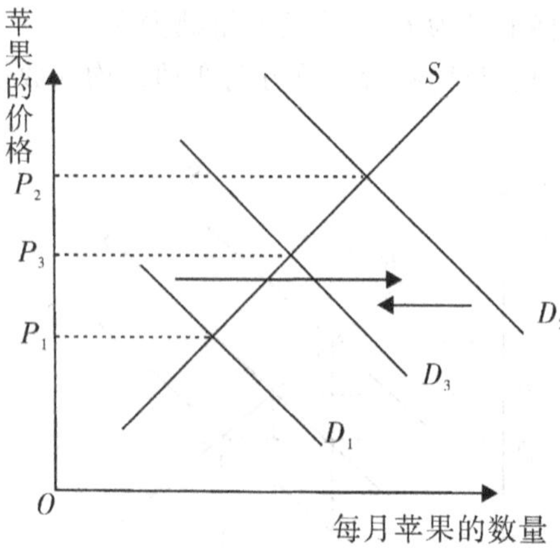

图 3－8　苹果供求

这位同学正确地理解了橘子价格上升会导致苹果需求的增加，使其需求曲线向右移。但是这位同学所说的需求曲线的第二次移动，即从D_2移到D_3是不会发生的。因为产品价格的变化不会导致这种产品的需求曲线位移，产品价格的变化只会导致这种产品的需求沿着需求曲线运动。

想一想：

“产量的增加导致价格的降低，而这反过来又增加了需求。”你同意这种推理吗？请简要说明。

第四节　政府对价格的干预

根据价格理论，由市场供求关系所决定的价格调节着生产和消费，使资源得到最优配置。但价格调节是在市场上自发进行的，有其盲目性，所以，由价格机制进行调节所得出的结果，并不一定符合整个社会的长远利益。政府对价格的干预正是试图解决这一问题。政府对价格的干预主要有两种形式：支持价格和限制价格。

一、支持价格

支持价格是政府为了扶持某一行业的生产而规定的该行业产品的最低价格。

从图 3－9 中可以看出，该行业产品由供求所决定的均衡价格为 P_0，均衡数量为 Q_0，政府为支持该行业的生产规定了支持价格是 P_1，$P_1 > P_0$，显然支持价格是高于均衡价格的。这时的需求量为 Q_1，供给量是 Q_2，$Q_2 > Q_1$，即供给量大于需求量，出现供给过剩。

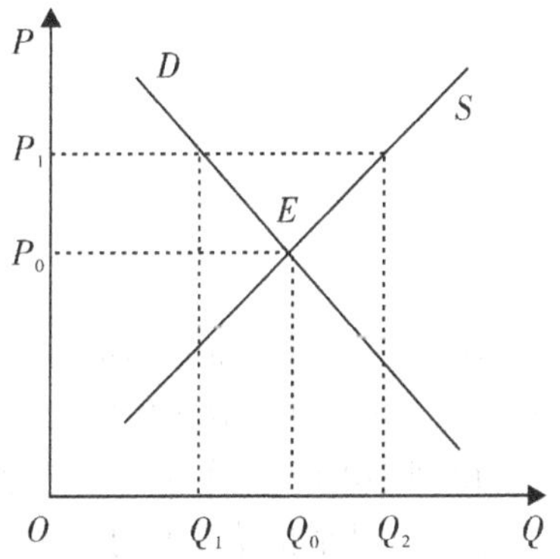

图 3－9　政府的支持价格

支持价格通常带来以下后果：

第一，剩余。由于价格高于均衡价格，供给过剩，产品积压，找不到买主。

第二，当剩余是商品而不是劳务时，就会产生如何处理积压商品的问题。商品积压有时需要政府出面购买。大量产品积压会花费政府巨额储存费用，从而造成政府沉重的财政负担。

第三，投资过剩。高价保护了经营不善的企业，使他们能够继续得到投资。并且向生产者和消费者提供了错误的信息，过分地保护了生产者的利益，损害了消费者的利益。

美国对农产品的价格支持和最低工资

抬价干预的一个著名的案例是美国农产品的价格保护。多年来，美国政府在代表农民利益的压力集团的游说下，对农产品实行保护政策，多种农产品的价格高于均衡价格，供大于求，造成大量剩余。为使农民利益不受损，政府把大量的剩余产品买下并储存起来，这使得政府的购买以纳税人的利益为代价——他们不得不付两次钱，一次是通过税收来支持政府的购买，另一次是通过美国公众不得不在较高的价格水平上购买农产品。

另一个例子是美国的最低工资。为保护工人的利益，美国国会立法规定了最低工资。任何雇主不得以低于最低工资的标准雇工。最低工资一般高于市场均衡工资，因此劳动力供过于求，工资的提高使很多企业减少了雇工人数，造成失业人数上升，最低工资并没有保护全体工人的利益。

二、限制价格

限制价格是政府为了限制某些生活必需品的价格上涨而规定的这些产品的最高价格。从图 3 – 10 中可见，由供求决定的均衡价格为 P_0，均衡数量是 Q_0，但在这种价格时，穷人无法得到必需的生活品。政府为了制止过高的价格，规定了限制价格为 P_1，$P_1 < P_0$，即限制价格是低于均衡价格的。这时的需求量是 Q_2，供给量是 Q_1，$Q_2 > Q_1$，产品供给不足。为了维持限制价格，政府要实行配给制。

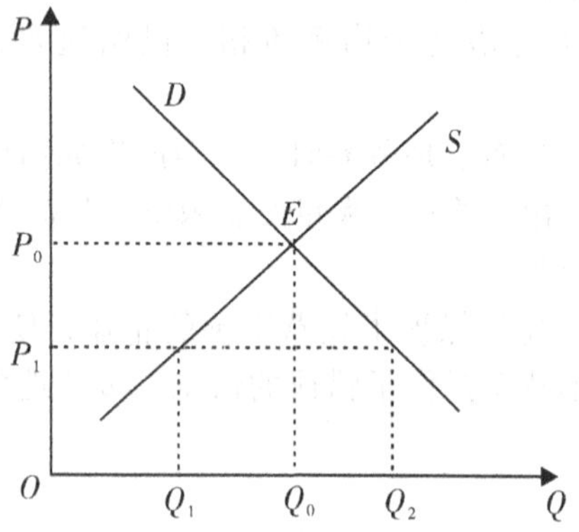

图 3 – 10　政府的限制价格

限制价格带来的后果：

第一，价格水平低不利于刺激生产，需求量超过了供给量，使产品长期存在短缺现象。对价格的限制，尤其是长期的限制，是限制生产发展的重要因素。

第二，导致劣质产品和服务。由于价格低于均衡价格，产品短缺，从而形成卖方市场，即使是劣质产品也有人买，没有刺激因素促使生产者提高产品质量。卖主提供的服务质量下降，比如减少服务时间、态度恶劣等。

第三，为了维持限制价格，政府实行配给制，会产生非法的“黑市”交易。有权者趁机利用他们手中的权力套购物资进行倒卖，无权者只有通过贿赂等方法，得到平价的短缺商品。可见，限制价格之下实行的配给制会败坏社会风气，这也是官员腐败等不良风气的经济根源之一。

第四，投资枯竭。因为价格上限减少了投资者可以赚取的合法收益，打击了产业投资者的积极性。

总之，限制价格干预的危害是损伤了生产者的积极性。政策制定者的初衷是保护消费者的利益，却最终损害了生产者的利益，使价格不能补偿大部分厂商的机会成本，从而使供给减少。消费者虽然在短期内支付的价格低于均衡价格，但是从长期来看，因为商品的短缺，消费者的利益同样受到了损害。正是因为以上的原因，经济学家们反对实行长期的限制价格政策。

纽约的租金控制

纽约是美国唯一一座在第二次世界大战后还保持对房租实行合法控制的大城市。房屋租金控制的初衷是为了保护消费者免受高价的伤害。这一目的是否达到了呢？我们将对导致其结果的原因逐一进行分析。

图 3－11 是纽约房屋出租的供给—需求图。如果没有价格控制，均衡点在 E 处，此时月租金为 2 000 美元，出租的房屋是 300 万套。如果租金控制是有效率的，那么价格上限必然低于均衡价格 2 000 美元。但是如果价格上限太低，比如 1 200 美元，房屋的需求量就会上升到 350 万套，而供给量只有 250 万套，供不应求，有 100 万套的短缺。“短缺”在理论上的含义是以纽约市不正常的低空房率表现出来的——一般只有整个国家城市平均空房率的一半。由于租金的控制衍生出一个活跃的租房黑市。黑市从多方面提升了受租金控制的房屋的有效价格，这里面包括多种贿赂费用，如为了排在优先位置所花费的“钥匙费用”等。

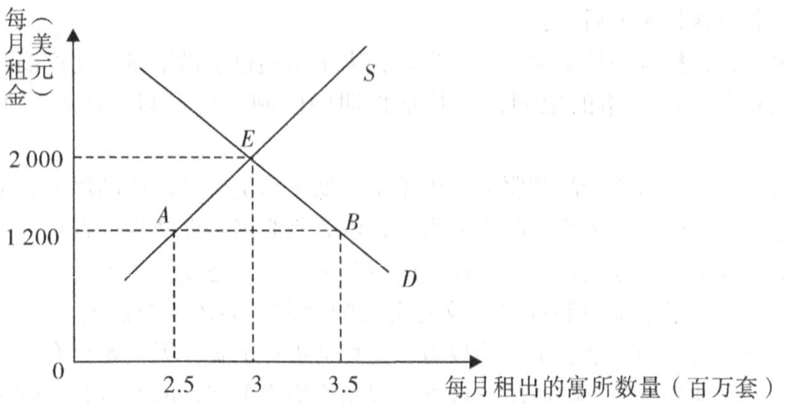

图 3－11　纽约房屋出租的供给—需求图

从图 3－11 看出，租金控制使房屋供给量由 300 万套降至 250 万套。这种数量上的减少在纽约以什么形式表现出来？首先，由于租金过低，一些房产所有者将部分公寓改为办公室或作其他用途。其次，有些公寓已经很破旧，但由于房屋租金的限制引发短缺的存在，使这些破旧的公寓更易出租。再次，一些房主不愿承担不断增加的税费和燃料账单，便完全放弃了他们的房屋。这些被丢弃的建筑对公众的健康和安全都造成了威胁。

这些现象的一个重要暗示是：价格限制是对消费者的一种伤害，因为即使是以较低的价格获得了因限制价格而变得短缺的商品的幸运者，仍会因为搜寻成本增加而使其以低价获得商品的利益被部分或者全部抵消。房客不得不经历长期的等待、花费大量时间才搜寻到一套公寓，但所找到的公寓管理不善，甚至常年失修，房东的常规服务也不再提供了。所以多数经济学家认为，租金控制不但不能帮助城市及其居民，反而在长期过程中，它会使每个人的福利状况恶化。

既然租金控制存在诸多问题，为什么这项政策仍在纽约及其他城市持续存在呢？有一点非常重要，并不是每个人都受到了租金限制的伤害，在这种政策中受益者会竭力维护这种租金控制。更广泛地说，几乎所有的价格上限或者下限都会产生一部分管制的受益者。这些人通过他们的政治影响竭力维持现状以保护其利益。这也是价格上限与下限难以被取缔的原因之一。

——摘自威廉·J. 鲍莫尔、艾伦·S. 布林德：《经济学原理与政策》（上册），北京大学出版社 2006 年版，第 57～58 页。

第五节　弹性理论及其应用

供给曲线与需求曲线告诉我们，一般来说，当价格上升时供给量会增加而需求量会减少。但是对于经济学家和商人来说，只知道这点是不够的，问题的关键在于：价格的升降带来的需求量和供给量的变化有多大？生产者的总收益和消费者的总开支是增加了还是减少了？经济学家用弹性的概念来度量这些问题。弹性（elasticity）的概念就是一个经济变量对于另一个经济变量的反应的程度。

一、需求价格弹性

1. 需求价格弹性及其度量

需求价格弹性（price elasticity of demand），又称需求弹性，是指一定时期内一种商品的需求量对该商品价格变动的反应程度。需求弹性的大小可以用需求弹性系数来表示。需求弹性系数等于需求量变动的百分比除以价格变动的百分比。设需求量为 Q，价格为 P，则公式为：

$$\text{需求价格弹性} = \frac{\text{需求量变动的百分比}}{\text{价格变动的百分比}}$$

$$E_d = -\frac{\frac{\Delta Q}{Q}}{\frac{\Delta P}{P}} = -\frac{\Delta Q}{\Delta P} \cdot \frac{P}{Q}$$

因为需求量与价格是反方向变动的，当价格上升时，即价格的变动为正值时，需求量减少，即需求量的变动为负值；同理，当价格的变动为负值时，需求量的变动为正值。所以，需求价格弹性值是负值，但实际运用时，为方便起见，一般取其绝对值。

想一想：

假如冰激凌的价格从 2 美元上升到 2.2 美元，则使小李购买冰激凌的数量从每月 10 个减少到 8 个，冰激凌价格变动的百分比是多少？需求量变动的百分比是多少？冰激凌的需求价格弹性又是多少？

2. 需求价格弹性的分类

(1) 需求缺乏弹性，即 $E_d<1$。当需求量对价格变动反应不灵敏时，需求量变动的百分比小于价格变动的百分比，此时需求价格弹性的绝对值小于1，这种情况下的需求是缺乏弹性的。如小麦价格下降了10%，而需求量只增加了5%，需求弹性的绝对值是0.5，说明小麦的需求是缺乏弹性的。

(2) 需求富有弹性，即 $E_d>1$。如果需求量对价格变动反应很灵敏，需求量变动的百分比大于价格变动的百分比，此时需求价格弹性的绝对值大于1，在这种情况下需求是富有弹性的。例如汉堡包的价格下降了10%，汉堡包的需求量增加了20%，需求弹性的绝对值为2，汉堡包的需求是富有弹性的。

(3) 需求单位弹性，即 $E_d=1$。如果需求量变动的百分比等于价格变动的百分比，则需求弹性的绝对值等于1，这种情况下的需求是单位弹性的。

(4) 需求完全无弹性，即 $E_d=0$。需求量对价格变动完全无反应，不管价格上升或者下降多少，需求量保持不变。只有极少数商品需求量是完全不受价格影响的，如糖尿病人对药品胰岛素的需求。胰岛素是糖尿病人维系生命所必需的，无论价格如何变，需求量也不会变，胰岛素的需求弹性为零，这时的需求曲线是一条垂直线。

(5) 需求有无限弹性，即 $E_d=\infty$。在这种情况下，需求量对价格的变动无限敏感，需求的价格弹性也是无限大的，此时需求曲线是一条水平线。如果需求曲线是完全弹性的，任何价格水平的上升都会使得需求量马上下降为零。

以上五种情况，后三种都是需求价格弹性的特例，现实生活中是很少见的，前两种是现实生活中常见的。

3. 影响需求价格弹性的因素

为什么各种商品有不同的需求价格弹性，是什么决定了一种商品需求价格弹性的大小？由于任何一种商品的需求取决于消费者的偏好，所以，需求的价格弹性取决于许多形成个人欲望的经济、社会心理因素。根据生活中的经验，我们可以总结出某些决定需求弹性的一般规律。

(1) 生活必需品和奢侈品。一般来说，消费者对生活必需品需求强度大，而且稳定，所以生活必需品的需求弹性小。相反，消费者对奢侈品的需求强度小而且不稳定，所以奢侈品的需求弹性大。如对牛奶的需求往往是缺乏弹性的，因为牛奶是一种必需品，人们购买的数量受价格的影响较小。一张国家大剧院音乐会的门票是奢侈品，其需求价格弹性要大于牛奶。当然，一种物品是奢侈品还是必需品并非完全取决于商品本身固有的性质，它还取决于消费者的偏好。

（2）相关替代品的可获性。相关替代商品的可获性是决定一种商品需求价格弹性大小的最重要的因素。因为消费者对价格变动的反应取决于他们有什么其他可供选择的商品。当汽油价格上升时，消费者没有什么其他商品可以替代汽油，因此对汽油的需求就只会小幅度下降。而如果比萨饼价格提高了，消费者有很多其他的选择，对比萨饼的需求就很可能大幅下降。事实上，企业定价策略的一个关键因素就是产品存在多少近似的替代品。总之，如果一种商品的替代品较多，那么它的需求价格弹性就会较大；如果一种商品的替代品较少，那么其需求价格弹性也相对较小。

（3）商品本身用途的广泛性。一种商品用途越广，其需求弹性也就越大，而一种商品用途越少，则其需求弹性也就越小。

（4）商品使用时间的长短。一般来说，使用时间长的耐用消费品的需求弹性大，而使用时间短的非耐用消费品的需求弹性小。

（5）商品在家庭支出中所占的比例。在家庭支出中占比例小的商品，价格变动对需求的影响较小，所以需求弹性也小。在家庭支出中占比例大的商品，价格变动对需求的影响大，其需求弹性也大。

某种商品的需求弹性到底有多大，是由上述因素综合决定的，不能仅考虑其中的一种因素。而且，某种商品的需求弹性也会因时期、消费水平和地区而不同。

二、需求收入弹性

需求量的变动不仅取决于价格，还取决于收入。需求收入弹性（income elasticity of demand）就是度量需求对收入变化的反应灵敏程度的概念，通常以需求量变动的百分比除以收入变动的百分比来表示。设需求量为 Q，收入为 M，则公式为：

$$\text{需求收入弹性} = \frac{\text{需求量变动的百分比}}{\text{收入变动的百分比}}$$

$$E_m = \frac{\frac{\Delta Q}{Q}}{\frac{\Delta M}{M}} = \frac{\Delta Q}{\Delta M} \cdot \frac{M}{Q}$$

需求收入弹性系数可以是正值，也可以是负值，一般可以分为三种情况：第一，需求的收入弹性值大于1，收入富有弹性；第二，需求的收入弹性值在

0与1之间，则收入缺乏弹性；第三，需求的收入弹性值小于0，是负的收入弹性。

如果一种商品的需求量随收入的增加而增加，那么这种商品就是正常物品（normal goods）。正常物品又可以细分为奢侈品与必需品。消费者对奢侈品的需求量对收入变动反应非常灵敏，也就是说，随着收入的增加，需求量增加，而且需求量增加的幅度大于收入增加的幅度，需求收入弹性大于1，如贵重的珠宝和花销不菲的度假等。如果一种商品的需求量对收入变动反应不是那么敏感，需求量随着收入的增加而增加，但收入增加的幅度大于需求量增加的幅度，需求的收入弹性值在0与1之间，这种商品是必需品。如果一种商品的需求量随着收入的增加而减少，这种商品被称为低档物品（inferior goods），其需求收入弹性是负值。所以，根据需求收入弹性值的大小，我们可以判断物品的属性：需求收入弹性值为正值的物品为正常物品，需求收入弹性值为负值的物品是低档物品。在正常物品中，需求收入弹性大于1的是奢侈品，而需求收入弹性小于1的是必需品。

三、供给价格弹性

正如我们用弹性的概念度量消费者对价格的反应一样，我们同样可以用弹性的概念度量企业对价格变动的反应。从供给定律可知，当一种商品的价格上涨时，其供给量会增加。为了度量价格上涨能引起供给量增加的程度，我们需要使用供给价格弹性这一概念。

1. 供给价格弹性的含义与计算

供给价格弹性（price elasticity of supply）又称供给弹性，是指供给量对于价格变动的反应程度，供给弹性大小可以用供给弹性系数来表示。供给弹性系数等于供给量变动的百分比除以商品价格变动的百分比。计算公式为：

$$供给价格弹性 = \frac{供给量变动的百分比}{价格变动的百分比}$$

$$E_s = \frac{\frac{\Delta Q}{Q}}{\frac{\Delta P}{P}} = \frac{\Delta Q}{\Delta P} \cdot \frac{P}{Q}$$

例如，某商品价格变动为10%，供给量变动为20%，则这种商品供给弹性系数为2。因为供给量与价格一般同方向变动，所以，供给弹性系数一般为正值。

2. 供给价格弹性的分类

各种商品的供给弹性大小不同，可以把供给弹性分为以下几类：

如果供给量变动的百分比小于价格变动的百分比，供给弹性小于1，那么供给是缺乏弹性的。如果供给量变动的百分比大于价格变动的百分比，供给弹性大于1，那么供给是富有弹性的。如果供给量变动的百分比与价格变动的百分比相同，供给弹性等于1，那么供给是单位弹性的。

除上述三种类型之外，供给弹性还有两种极端的类型，但都是确有可能出现的情况。如果供给曲线是一条垂直线，在这种情况下，供给弹性为零。这意味着，供给量对商品价格的变动完全没有反应，供给完全无弹性。在一个很短的时期内，一些商品的供给可能完全无弹性。例如，一个有固定数量停车位的停车场，如果停车的需求增加了，停车位的价格会上升，但停车位短期却不能增加。如果供给曲线是一条水平线，供给弹性无限大。在此种情况下，当价格只有微小下降时，会引起供给量从无限大减少至0。这时，供给是完全富有弹性的。

3. 影响供给弹性的因素

影响供给弹性的主要因素是行业中增加生产的困难程度。一方面，如果所有的投入品很容易在现有的市场价格下购得，正如纺织服装行业那样，则价格的微小上升就会导致产出大幅增加，表明纺织服装业供给弹性相对较大。另一方面，如果生产能力受到严格限制，例如金矿开采，即使价格上升，黄金产量也只能增加很少，这是因为金矿业的供给是缺乏弹性的。

影响供给弹性的另一重要因素是生产时间的长短。随着企业作出反应时间的增加，给定的价格变动就会对供给量产生较大的影响。价格上升后的短期内，企业也许无法增加其劳动、资本和物质的投入，因此供给很可能是缺乏弹性的。但是，随着时间的推移，企业可以增加各种要素的投入，建造新的厂房和扩大生产能力，这样，供给弹性就变得比较大。

为什么石油价格如此不稳定?

石油进入市场之前要走一段漫长的路。石油公司首先要聘请地质专家寻找石油。一旦发现一块可能的油田，石油公司要首先钻井勘探，探明地质储量具备的经济价值，然后大规模的开发才会开始。从勘探到生产出油的全过程要花费多年的时间才能完成。正因为需要很长时间才能增加供给量，石油的供给价格弹性很低。而且，石油类产品的替代品很少，比如汽油，因此石油的需求弹性也很小。

世界石油市场很大程度上受到石油输出国组织（OPEC）的左右。OPEC 有 11 个成员国。这些国家拥有世界已探明石油储量的 75%。OPEC 试图通过成员国的限产来保持原油价格的高位。但自 20 世纪 70 年代以来，OPEC 的限产保价的尝试只获得短暂的成功，成员国相互合作从而供给减少的时期与成员国相互不合作从而供应增加的时期交替出现，结果是，石油供给曲线移动频繁。结合石油供给与需求均缺乏弹性这一特征，供给波动引起石油价格在过去 30 年中大幅波动，最低时每桶石油仅 11 美元，最高时达到 55 美元。

在一个更长时期，较高的油价会引起供给更大幅度的增加，即供给弹性增加了。之所以发生这种情况，是因为高油价刺激了新油田的勘探，同时也刺激石油公司开发那些难度更大的油气资源，比如海底油气田和深层油田。但石油供给更有弹性后，供给增加会带来价格的小幅上升。

——摘自 R. 格伦·哈伯德，安东尼·P. 奥布赖恩：《经济学》，机械工业出版社 2007 年版，第 152 ~ 153 页。

四、弹性理论的应用

弹性理论对于分析许多实际经济问题是很有用的。

1. 需求的价格弹性与总收益

总收益（total revenue）也称总收入，指厂商出售一定量商品所得到的全部收入，也是销售量与价格的乘积。以 TR 代表总收益，Q 为销售量，P 为价格，则有：

$$TR = P \cdot Q$$

需要注意的是，总收益并不是净收益，总收益中包括了成本与利润，只有扣除了成本之后才是净收益（利润）。在此分析的是需求价格弹性对包括成本和利润在内的总收益的影响。从厂商的角度看，总收益是出售一定量商品的总收入，从居民的角度看，这也是为购买一定数量商品而付出的总支出。所以分析需求弹性对厂商总收益的影响，实际上也是在分析需求弹性对居民总支出的影响。

某种商品的价格变动时，它的需求弹性的大小与出售该商品所得到的总收益是密切相关的。因为总收益等于价格与销售量的乘积，价格的变动会引起商品需求量的变动，为了简便起见，我们假定需求量就是销售量，那么价格变动也就引起销售量的变动，进而总收益也就不同。下面我们分别讨论需求富有弹性与需求缺乏弹性时，商品的销售量与总收益之间的关系。

（1）如果某种商品的需求是富有弹性的，当该商品的价格下降时，需求量增加的幅度大于价格下降的幅度，所以总收益将会增加。

以冰箱为例。假定冰箱的需求是富有弹性的，$E_d=2$。当一台冰箱的价格为1 500元时，销售量为100台，此时的总收益 TR_1 为：

$$TR_1 = 1\ 500 \times 100 = 150\ 000(\text{元})$$

现在假定冰箱的价格下降10%，即每台为1 350元，因为需求弹性系数是2，所以销售量增加了20%，为120台，此时的总收益 TR_2 为：

$$TR_2 = 1\ 350 \times 120 = 162\ 000(\text{元})$$
$$TR_2 - TR_1 = 162\ 000 - 150\ 000 = 12\ 000(\text{元})$$

可见，由于冰箱的降价，总收益增加了。这表明，需求富有弹性的商品价格下降而总收益增加，这就是人们一般说的“薄利多销”的原因所在。

如果需求富有弹性的商品的价格上升时，总收益又会怎样变化呢？我们仍以冰箱为例。假定冰箱的价格由每台1 500元上升了10%，即现在每台为1 650元。因为需求弹性系数是2，所以当价格上升时，冰箱的销售量减少的幅度大于价格上升的幅度，冰箱的销售量下降了20%，为80台，此时的总收益 TR_3 为：

$$TR_3 = 1\ 650 \times 80 = 132\ 000(\text{元})$$
$$TR_3 - TR_1 = 132\ 000 - 150\ 000 = -18\ 000(\text{元})$$

这表明需求富有弹性的商品如果提价，反而会使总收益减少。根据需求富有弹性的商品涨价与降价所引起的总收益的变化可以得出结论：若某种商品需求是富有弹性的，则价格与总收益呈反方向变动，即价格上升，总收益减少；价格下降，总收益增加。如图3－12所示。

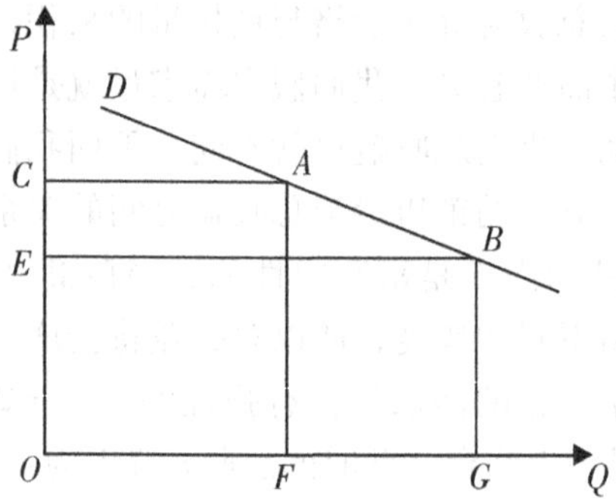

图3－12　需求弹性与总收益的关系（Ⅰ）

在图3－12中，D为某种需求价格富有弹性商品的曲线。当价格为OC时，销售量是OF，此时的总收益为$OFAC$；当价格降为OE时，销售量为OG，总收益是$OGBE$。从图上可以看出，当价格由OC降到OE时，$OGBE - OFAC > 0$，总收益增加了；当价格由OE上升到OC时，$OFAC - OGBE < 0$，总收益减少了。

（2）如果某种商品的需求是缺乏弹性的，那么，当该商品的价格下降时，需求量增加的幅度小于价格下降的幅度，该商品的总收益会减少。

以小麦为例。假定小麦的需求缺乏弹性，$E_d = 0.5$。当价格是1斤小麦0.4元时，销售量为100斤，总收益为：

$$TR_1 = 0.4 \times 100 = 40(\text{元})$$

现在假定小麦的价格下降10%，即每斤小麦为0.36元，因为小麦的需求缺乏弹性即$E_d = 0.5$，所以销售量仅增长了5%，即105斤，此时的总收益为：

$$TR_2 = 0.36 \times 105 = 37.8(\text{元})$$
$$TR_2 - TR_1 = 37.8 - 40 = -2.2(\text{元})$$

这表明，小麦价格的降低并没有增加总收益，反而使总收益减少了。中国有句古语“谷贱伤农”，意思是粮食丰收了，由于粮价下跌，农民的收入减少了，其中的原因就在于粮食是生活必需品，需求缺乏弹性。由于小麦丰收提高了小麦的供给进而降低了价格，但是价格下跌不会使需求量增加很多，从而总收益减少，使农民受到损失。

如果商品的需求是缺乏弹性的，那么，当该商品的价格上升时，需求量减少的幅度小于价格上升的幅度，所以总收益会增加。仍以小麦为例。假定小麦的价格上升了10%，每斤小麦为0.44元，因为需求弹性系数是0.5，销售量减少5%，即95斤，此时的总收益TR_3为：

$$TR_3 = 0.44 \times 95 = 41.8(\text{元})$$
$$TR_3 - TR_1 = 41.8 - 40 = 1.8(\text{元})$$

这表明需求缺乏弹性的商品如果提价，反而会使总收益增加。卖者的总收益增加的同时，就是买者总支出的增加。所以，粮油、蔬菜、副食、日用品等生活必需品的涨价一定要谨慎，因为此类商品的需求弹性小，涨价后人们的购买量不会减少很多，这样会增加居民的生活支出，造成实际生活水平的下降，影响社会稳定。也正因为农产品的需求弹性小，为了鼓励农业生产，政府一般都给予农产品价格补贴。

根据需求缺乏弹性的商品涨价与降价所引起的总收益的变化可以得出结论：若某种商品需求是缺乏弹性的，则价格与总收益呈同方向变动，即价格下降，总收益减少；价格上升，总收益增加。我们可以用图3－13说明这一点。

在图3－13中，D是某种需求价格缺乏弹性的商品的需求曲线。当价格是OC时，销售量是OF，总收益是$OFAC$。当价格下降到OE时，销售量是OG，此时的总收益为$OGBE$。由图上可以看出，当价格由OC降到OE时，$OGBE - OFAC < 0$，总收益减少了；当价格由OE上升为OC时，$OFAC - OGBE > 0$，总收益增加了。

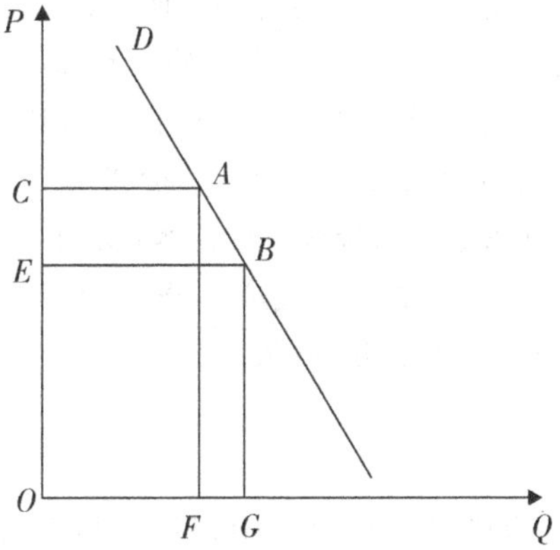

图3－13　需求弹性与总收益的关系（Ⅱ）

总之，价格变动对总收益的影响是：

（1）当需求缺乏弹性时，降低价格会减少总收益，而提高价格会使总收益增加；

（2）当需求富有弹性时，降低价格会增加总收益，而提高价格会使总收益减少；

（3）当需求是单位弹性时，价格下降不会引起总收益的任何变化。

弹性在航空运输中的应用

对于美国航空公司来说，弄清乘客需求弹性相当于每年可带来数十亿美元的收益。在理想的情况下，航空公司希望向商务人员要求尽可能高的票价，因为商务往来人员对于机票的需求缺乏弹性，提高这些人的票价有助于增加总收益。而向闲暇游客提供足够低的票价以填补飞机上的空座。因为闲暇游客对于旅行的地点和时间有很大的选择余地，他们对于机票的需求弹性要大得多，如果提高这部分旅客的票价会降低总收益。以上定价策略是航空公司为增加总收益，追求利润最大化采取的措施。

但是，航空公司要实施定价策略，它们必须解决一大难题——识别两种不同类型的乘客。航空公司通过对不同的乘客采用“价格歧视”的措施解决了这一难题。通常航空公司会对有计划希望选择低价位的游客提供折扣。同时，公司也许会要求该乘客等到周六晚上之后才能拿到打折的机票，这条规定会使得急于回家度周末的商务人员望而却步。另外，最后的时刻通常不提供折扣，因为许多商务往来事前并无计划，而是为了处理意外事件，这是另外一种需求缺乏弹性的情况。航空公司设计出复杂的计算机程序来管理机票的销售，确保缺乏需求弹性的乘客无法从打折中获益。因此，尽管用有预算约束的旅客填补空位，但航空公司利用了不同价格弹性仍然获取了可观的收益。

——摘自保罗·萨缪尔森、威廉·诺德豪斯：《微观经济学》，人民邮电出版社 2004 年版，第 56 页。

2. 税收与弹性

（1）税收分摊与需求弹性。税收负担在买者与卖者之间的分摊取决于需求弹性的大小。我们先分析两种极端的情况：需求完全无弹性和需求有无限弹性。

需求完全无弹性，即需求弹性为零的情况。我们来分析一个假设的胰岛素市场。胰岛素是糖尿病人每日必需的药品，为了维持生命，无论胰岛素的价格怎样变化，病人都必须服用足量的胰岛素，也就是说糖尿病人对胰岛素的需求是完全无弹性的。市场上胰岛素的需求曲线 D 就是一条垂直线，供给曲线为 S，在没有税收时，每片胰岛素的价格是 2 元，每天对胰岛素的需求量是 15 万片。

假如政府对每片胰岛素征收 0.2 元的销售税。厂商会将税收加到出售胰岛素的价格上，由于销售量仍没变化（因为需求无弹性），结果得出一条新的供给曲线 $S+T$，当实现新的供求均衡时，胰岛素的价格是每片 2.2 元。这说明，由于需求量不能随着价格的变动而变动，即使价格上升，需求量仍不变。此时销售税引起的价格上升部分完全由买者支付。如图 3－14 所示。

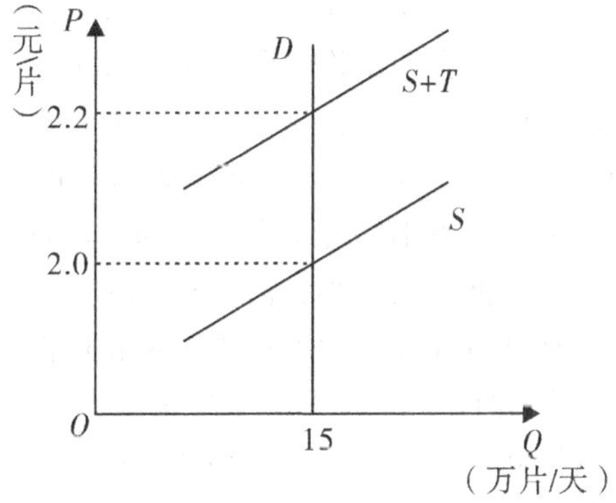

图 3－14

再看需求弹性无限大的情况。图 3－15 是一个假设的签字笔市场。假如黑色签字笔比其他颜色的签字笔更便宜，人们都会用这种签字笔。反之，如果黑色签字笔比其他颜色的笔贵，就没人用这种黑色签字笔。假定其他颜色的笔均为一支 2 元的情况下，只要黑色签字笔的价格略低于 2 元，人们就会买这种笔，只要价格略高于 2 元，就无人买黑色笔，此时，黑色签字笔的需求曲线 D 是一条水平线，表示需求弹性为无限大，供给曲线为 S。在没有征销售税时，黑色签字笔为每支 2 元，每周销售量是 4 000 支。

如果政府对黑色签字笔征收每支 0.1 元的销售税，我们应该把销售税加到供给者愿意出售这种笔的最低价格上来决定消费者得到黑色笔的条件。新的供给曲线是 $S+T$。当达到新的供求平衡时，价格仍然是每支 2 元，但是销售量

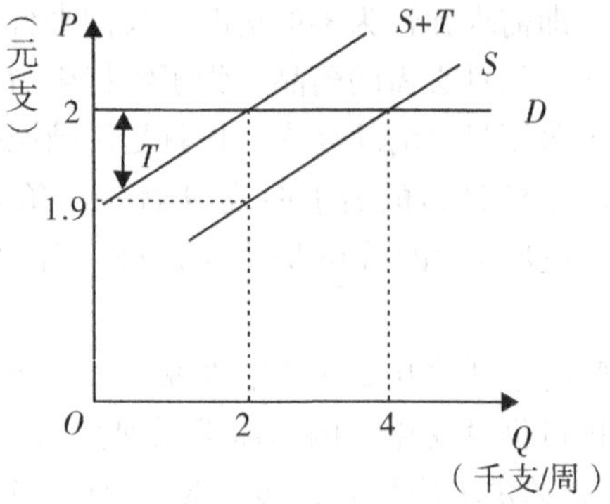

图 3－15

下降为每周 2 000 支。尽管有了 0.1 元的销售税，但买者支付的价格没有变，而供给者得到的价格下降了，其下降的量等于征收的销售税，即每支 0.1 元。这样供给者会减少其供给量。在此销售税完全由卖者承担了。

上面所分析的是两种极端的情况：当需求完全无弹性时，买方支付全部销售税；当需求完全有弹性时，是卖方支付全部的销售税。其实，在正常情况下，需求既不是完全无弹性，也不是完全有弹性的，税收要在买卖双方之间分摊。分摊的比例取决于需求弹性的大小，需求越缺乏弹性，买方承担的税收比例就越大。反之，需求越富有弹性，卖方承担的税收比例就越大。

（2）税收分摊与供给弹性。税收负担在买卖双方之间的分摊还部分取决于供给弹性的大小。这里同样先分析两种极端情况：供给完全无弹性与供给有无限弹性。

假设 X 产品供给完全无弹性，供给曲线是一条垂直线，无论价格怎样，其供给量都是固定的，X 产品的需求曲线为 D，在没有对 X 产品征税时，其每件价格为 5 元，每周供给量为 Q_1。假定要对每件 X 产品征收 0.5 元的销售税，我们应该把这种税加到供给者愿意出售 X 产品的最低价格上来决定消费者可以得到 X 产品的条件。但是，该产品的供给是无弹性的，即在大于零的任何价格下，供给者只能以每周 Q_1 这样一个固定的量提供 X 产品，而消费者只有在每件价格是 5 元时每周才愿意购买 Q_1 的量。这样 X 产品的价格就只能是每件 5 元，供给者承担了全部的销售税。每件征收 0.5 元的销售税使得供给者得到的价格降为 4.5 元。没有弹性的供给会使生产者不能根据价格的变动调节供给量，这样生产者只好承担全部销售税。如图 3－16 所示。

如果 X 产品的供给是完全富有弹性的，情况又会是怎样呢？供给完全富有弹性意味着在一定价格下，供给者可以提供任何数量的 X 产品。如图 3－17

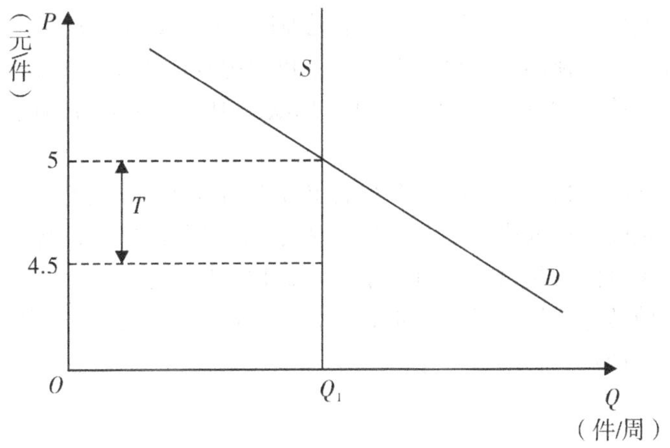

图 3－16

所示，价格是 5 元时，供给曲线 S 是一条水平线，需求曲线为 D，没有征税时，每周的成交量为 Q_1。如果对每件 X 产品征收 0.5 元的销售税，我们应该将这种销售税加到 X 产品供给者愿意出售其产品的最低价格上来决定买者可以得到此产品的条件。新的供给曲线 $S+T$ 与需求曲线相交形成新的均衡点，此时价格为每件 5.5 元，成交量为 Q_2。税收提高了价格，减少了销售量。由于供给完全富有弹性，可以随价格的变动而无限变更其供给量，所以销售税完全由买者承担。

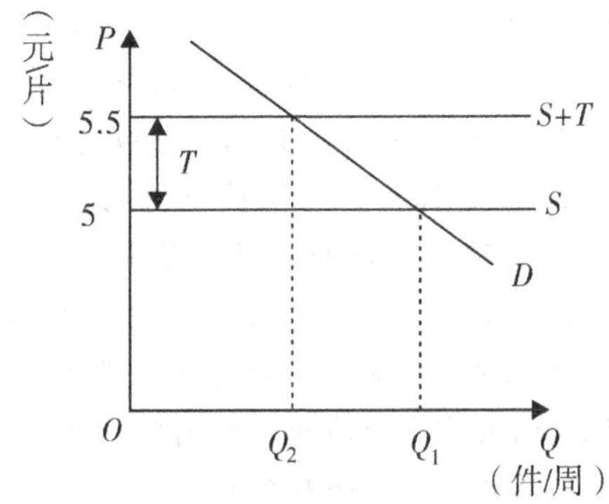

图 3－17

以上分析说明，当供给完全无弹性时，卖者支付销售税；当供给完全富有弹性时，由买方支付销售税。供给完全无弹性和供给完全富有弹性也是两种极端情况。现实生活中，供给既不是完全无弹性，也不是完全富有弹性，税收是在买卖双方之间分摊的，分摊比例取决于供给弹性的大小。供给越富有弹性，买方分摊的税收比例越大。反之，供给越缺乏弹性，卖方分摊的税收比例就越大。

综合上面的分析，将供给弹性和需求弹性结合在一起考虑税收分摊问题。一般来说，税收归宿取决于供求均衡时税收对价格和数量的影响，或者说决定税收归宿的关键因素是供求的相对弹性。如果需求相对于供给缺乏弹性，则税收主要是向前转嫁给消费者；而如果供给相对于需求缺乏弹性，则税收主要是向后转嫁给生产者。

对香烟征税能阻止青少年吸烟吗?

1997 年，美国总统克林顿提议制定强制烟草公司提高香烟价格的法律。尽管这项提案在 1998 年遭到国会的拒绝，但是公共健康专家仍然认为，对香烟征税，以提高香烟的价格是减少青少年吸烟的一种有效的办法。征收香烟税能有效地减少青少年吸烟吗？我们可以利用青少年对香烟的需求价格弹性来分析这个问题。若需求是富有弹性的，那么征税将是有效的，因为香烟税很少量的增加就能导致青少年对香烟购买量的大幅度减少。若需求缺乏弹性，则情况恰好相反。

年轻人对价格增长的敏感度高于成年吸烟者。据统计，青少年对香烟的需求弹性介于 0.7 至 1.65 之间。这意味着，如果对香烟征税使其价格上涨 10%，那么青少年对香烟的需求将下降 7% ~16.5%。若这些弹性估计是准确的，导致价格上涨的征税行为将使青少年戒烟的比率要高于成年人。有一项针对 8 ~10 年级青少年的调查报告指出，每包香烟的价格上涨 10%，结果使吸烟的青少年减少近 10%。当然，当需求弹性很大时，价格的上升会使总收益（此处为政府的税收收入）下降，因为需求量减少的百分比大于价格上升的百分比。即由于需求是富有弹性的，相对较少的青少年将在征税后继续购买香烟，从而支付新税额的青少年会减少，政府将受损失。但是，这里讨论征税的目的是为了改变青少年吸烟的行为，尽管政府的税收收入可能会减少，但是征税政策的目的是达到了。

若青少年对香烟的需求是缺乏弹性的，那么征税将无法成功减少青少年吸烟。即许多青少年将继续买烟。当然，此时政府的税收收入将由于税率的增加而增加。

——摘自威廉·J. 鲍莫尔、艾伦·S. 布林德：《经济学原理与政策》（上册），北京大学出版社2006年版，第97页、第104页。

本章小结

一种商品的需求量是在给定价格下消费者愿意并且能够购买的该商品的数量。对于大多数商品而言，需求量与价格之间的关系一般是反方向变动的，即假定其他因素保持不变，价格越高，需求量越小，价格越低，需求量越大。

需求量不仅取决于商品的价格，还取决于收入、相关商品的价格以及预期等因素。由商品价格变化引起的需求量的变化表现为同一条需求曲线上点的移动。若商品自身价格既定，决定需求量的其他任何因素的变化都会导致需求曲线发生位移，表示在每一个既定的价格水平下需求数量的增加或减少，即整个需求状况的变化。

一种商品的供给量是给定价格下生产者愿意并有能力生产和出售的该商品的数量。对于大多数商品而言，价格与供给量之间的关系一般是同方向变动的，假定其他因素不变，价格越高，供给量越大，价格越低，供给量越小。

供给量不仅取决于商品的价格，还取决于其他因素。由商品价格的变化导致的供给量变化表现为同一条供给曲线上点的移动。若商品自身价格既定，影响供给的其他任何因素的变化都会导致整条供给曲线的位移，表示在每一个既定的价格水平下供给数量的增加或减少，即整个供给状况的变化。

供给曲线与需求曲线相交于一点，这一点被称为市场均衡。这两条线相交时的价格称为均衡价格，供给量与需求量相等，市场处于均衡状态。均衡价格是在需求与供给这两种力量竞争过程中自发形成的，当市场价格高于均衡价格时，存在过剩供给，就会引起市场价格下降；当市场价格低于均衡价格时，存在超额需求，就会引起市场价格上升。

政府通过规定价格的最高上限（限制价格）和价格的最低下限（支持价格）来干预竞争市场的运行。价格上限可导致供给短缺，而价格下限会导致供给过剩。

需求量对价格的敏感度可以用需求弹性表示，需求弹性值等于需求量变化的百分数除以价格变化的百分数。当需求量变动的百分比大于价格变动的百分比时，即 $E_d>1$ 时，需求富有弹性；当需求量变动的百分比小于价格变动的百分比时，即 $E_d<1$ 时，需求缺乏弹性；当需求量变动的百分比等于价格变动的百分比时，即 $E_d=1$ 时，需求单位弹性。

供给价格弹性是衡量供给量对价格变动的反应程度的概念。供给弹性往往取决于所考虑的时间长短，在多数情况下，供给在长期中比在短期中更富有弹性。

需求弹性可以说明价格变动对总收益（总支出）的影响。如果需求是富有弹性的，则价格下降会增加总收益（总支出）；如果需求缺乏弹性则价格下降会减少总收益（总支出）；而在单位弹性的情况下，价格变动对总收益（总支出）不会产生影响。

税收能改变供求的均衡。决定税收归宿的关键因素，是供给与需求的相对弹性。若需求相对于供给缺乏弹性，则消费者将承担更大比例的税收负担；若供给相对于需求缺乏弹性，则生产者将承担更大比例的税收负担。

本章主要概念

需求与需求量；供给与供给量；需求曲线；供给曲线；均衡价格与均衡数量；需求价格弹性；需求收入弹性；供给价格弹性；支持价格；限制价格；总收益；需求定理；供给定理；互补品；替代品

思考题

（1）需求变化与需求量变化之间的区别是什么？

（2）什么是需求定理？导致需求曲线移动的主要变量是哪些？为每个变量举一个例子。

（3）什么是供给定理？导致供给曲线移动的主要变量是哪些？为每个变量举一个例子。

（4）经济学家所说的“市场均衡”是什么意思？如果当前的价格在均衡价格之上，市场将怎样运行？如果当前的价格在均衡价格之下，又会怎样？

（5）如果需求曲线向右移动，而供给曲线保持不变时，市场均衡价格会怎样？画一张需求—供给图来演示你的回答。

（6）“丰收通常降低农民的收入”，用供求图演示和说明这一命题。

（7）如果橙汁饮料的需求是缺乏弹性的，其价格上涨会增加还是减少销售商的总收入？

（8）决定一种商品的需求价格弹性的主要因素有哪些？其中哪个因素最重要？

（9）复习需求收入弹性的定义。利用收入弹性来区分正常品和劣质品。你是否可以通过收入弹性来判断一种商品是奢侈品还是必需品？举一例说明。

（10）写出供给弹性的计算公式。如果比萨饼的价格上涨了10%，其供给增加了9%，它的供给价格弹性是多少？比萨饼的供给是具有弹性还是缺乏弹性？

（11）假设消费者收入的下降引起了对鸡肉需求量的减少，而对土豆的需求量增加了。哪种商品属于劣质品，哪种属于正常品？每种商品的均衡价格和数量将如何变化？

（12）有个同学提出如下观点："价格下限减少了消费者购买的产品的数量，这是因为它导致了价格高于竞争性均衡价格。另一方面，价格上限增加了消费者购买的产品数量，这是因为它导致了价格低于竞争性均衡价格。"你是否同意这个同学的观点？运用需求—供给图来说明你的回答。

参考文献

[1] 梁小民：《微观经济学》，中国社会科学出版社2001年版。

[2] 梁小民：《经济学是什么》，北京大学出版社2001年版。

[3] 曼昆：《经济学原理》（上册），三联书店、北京大学出版社1999年版。

[4] 斯蒂格利茨：《经济学》（上册），中国人民大学出版社1997年版。

第四章　市场经济中的居民

本章主要考察居民的经济行为。居民是最终消费主体、投资主体、劳动力供给主体，他们的消费行为、投资行为、储蓄行为、劳动力供给行为等行为方式及其变化，对国民经济运行产生重大的影响。

第一节　居民在市场经济中的地位

在市场经济活动中，居民个人具有双重身份：一是生产要素的供给者，为生产活动提供劳动力、资本等生产要素，以此获得货币收入；二是最终产品的购买者即消费者。

一、居民是劳动力的供给者

1. 劳动力是重要的生产要素

人类社会的存在和发展是以物质资料的生产为基础的。人们为实现物质资料的生产而进行的劳动过程必须具备三个简单要素：劳动者的劳动、劳动资料和劳动对象。

人们进行生产活动的时候，必须耗费体力和脑力。这种体力和脑力的总和，构成人的劳动力。人的劳动就是劳动力的支出。由于劳动力不能脱离人体而存在，因此人们也把具有劳动能力的人称为劳动力。

劳动对象是劳动者在生产过程中，把自己的劳动加于其上的一切物质资料。它可分为两大类：一类是没有经过人类加工的自然界物质，如原始森林中的树木和地下矿藏，它们是在自然界自然生成的，当人们去砍伐或开采时，它们便成为劳动对象；另一类是经过人们劳动加工的物质资料，如钢铁厂的生铁、织布厂的棉纱等。

劳动资料是人们用来影响或改变劳动对象的一切物质资料，是把人和劳动对象联系起来的媒介物。劳动资料包括的范围很广，基本上可分为生产工具、基础设施和能源设施三大类。

生产过程就是劳动、劳动资料和劳动对象结合在一起发挥作用的过程，就是劳动者通过有目的的活动，借助于劳动资料，使劳动对象发生预定变化的过程。在这个过程中，劳动者是生产中的主观因素，起着主导作用。如果没有具有一定生产经验和劳动技能的人进行劳动，即没有劳动力的支出，劳动资料就不会被使用起来，劳动对象就不会被加工，就不可能生产出任何产品。所以劳动力是生产过程中重要的不可缺少的要素。

2. 劳动力供给对社会经济运行的影响

我们先了解一下劳动力资源的概念和构成。

劳动力资源是指在劳动年龄（16 周岁以上），具有劳动能力，在正常情况下，可能或实际参加社会劳动的人口。劳动力资源总量按照参与社会经济活动的愿望分为经济活动人口和非经济活动人口。经济活动人口是指在劳动力资源中，实际参加或要求参加社会经济活动的那部分人口，也称为劳动力人口。它是反映一个国家或地区劳动力市场总供给状况的重要指标。经济活动人口数是就业人口数与失业人口数之和。就全国而言，还有两种计算口径，即包括军人在内的全部经济活动人口和不包括军人在内的平民经济活动人口。军人是一个特殊就业群体，其直接隶属国家，统计上只能计入全国的经济活动人口之中，而各地区的经济活动人口则不包括军人。非经济活动人口是指在劳动力资源中，不能或不要求参加社会经济活动的人口，包括 16 周岁以上的在校学生、待学人员、家务劳动者、离退休后不再就业的人员及其他人员等。如图 4－1 所示。

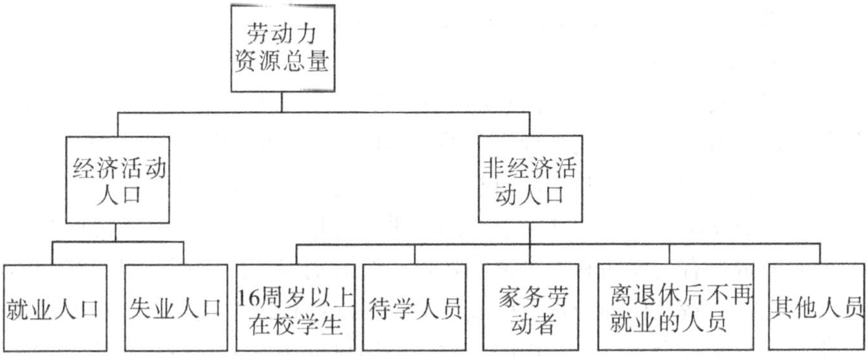

图 4－1　劳动力资源总量的构成

在人口数量一定的条件下，一个社会劳动力供给数量取决于劳动力人口数量和劳动力供给决策主体愿意并能够提供的劳动时间。

劳动力供给对社会经济运行的影响表现在以下几个方面：

（1）劳动力供给是社会生产得以进行的前提。要使社会经济活动顺利进行，必须使劳动力与生产资料得到合理配置，使两者在总量和结构上相互匹配。

在市场经济条件下，居民通过向市场提供劳动力获得劳动收入并以此不断进行劳动力的再生产，社会则得到了进行生产活动所必不可少的生产要素。居民劳动力要素的供给是社会生产得以进行的前提。

(2) 国民经济增长的主要潜力在于劳动力供给质量的不断提高。劳动力要素在社会经济活动中的重要作用不仅体现在劳动力的供给数量上，而且更主要体现在质量上。高质量的劳动力具有较高的技术操作能力，能够比低质量的劳动力创造更多的财富。造就大批高质量的劳动力，是实现国民经济高速发展的必要条件。

(3) 劳动者的劳动积极性对企业经济效益和国民经济的增长速度和发展水平有着重要的影响。劳动者的积极性越高，越有利于提高企业经济效益和促进宏观经济的增长。

二、居民是产品和劳务的需求者

1. 居民是消费的主体

居民个人是生活消费的主体。居民获得收入之后，首先就要安排消费，以维持自身及后代的生存和发展。随着社会的发展和进步，人们消费的内容日益丰富，消费水平不断提高。国际、国内的数据表明，居民消费需求占消费需求的比重在80%左右，因此居民是最主要的消费主体。

2. 居民消费对社会经济运行的影响

居民的消费支出是社会总需求的重要内容。消费需求是不断变化的，这种变化是通过消费支出的变化表现出来的。居民消费支出的增加或减少必然会通过社会总需求量的增加或减少而对社会总产品的供求总量造成影响。

个人消费支出不仅影响社会总产品的供求总量，而且影响社会总产品的结构。个人消费具有变化快和不可逆等特点。个人消费支出的调整引起社会消费结构的变化，消费结构的变化会引起社会总需求结构的变化。社会总需求结构的变化必然引起社会总供给结构的变化，使国民经济发生变动和调整。

三、居民是资本供给者和投资主体

在市场经济中，居民不仅是劳动力供给者和消费主体，而且是资本供给者和投资主体。如果居民将一部分收入作为储蓄，这部分储蓄将通过银行或其他金融机制转化为企业投资和政府投资。所以居民储蓄是社会资本的重要来源。

居民投资对社会经济运行具有重要影响。居民个人可支配收入中扣除个人消费部分的余额形成个人储蓄。个人储蓄可以通过各种途径转化为个人投资。如居民投资购买股票、政府债券、公司债券等。个人投资无论是直接的还是间接的，都会增加社会资本的供给和扩大社会生产规模，从而促进社会经济的发展。同时个人投资方式与投资方向的选择和调整会对消费品市场、生产资料市场和金融市场造成影响，它可以使这些市场受到的压力减轻或增大，市场条件的变化，进一步引起企业利润率和部门利润率的变动，这又会引起企业生产规模和生产经营方向的调整，进而影响社会供给总量和供给结构，从而影响整个国民经济。

第二节　居民的收入来源与分配方式

居民是微观经济活动主体之一，居民的经济行为是微观经济运行的重要内容。居民的经济行为主要包括：居民的收入行为、居民的消费行为、居民的储蓄和投资行为等。居民的收入行为是居民的消费行为、居民的储蓄和投资行为的前提和基础。

一、居民的收入来源

1. 居民收入的形式

居民收入是指社会成员在一定时期内（通常为一年），通过不同的收入途径或来源获得的收入总和。居民收入扣除纳税后的剩余，形成居民的可支配收入。根据不同的收入来源，居民个人收入主要由以下几个部分构成：

（1）劳动收入：指个人从事工业、农业、运输和服务等活动的劳动收入。主要包括工资及各种奖金，它是指个人因任职或者受雇用而获得的报酬。此外还包括劳务报酬所得，这是指个人从事设计、翻译、审稿、咨询、讲学、书画、技术、服务等劳务活动所获得的报酬。

（2）经营收入：指从事生产经营活动而取得的经营收入，以及因承担一定风险而获得的风险收入和机会收入。如居民将资金以独自、合资等形式从事实业投资所取得的投资利润，对事业单位承包经营、承租经营所得等。

（3）利息收入：因持有债券、银行存款和其他形式贷出货币获得的收入。

（4）租金收入：向其他人出租私有的房屋或其他资产获得的收入。如出租房屋所得到的房租，出租生产工具、设备而取得的租金收入等。

（5）股息红利收入：个人因拥有股权而获得股息和红利收入。

（6）财产转让收入：这是指居民买卖有价证券及其他财产而获得的投资收益。如股票价格和房地产价格上涨所带来的收入。

（7）转移收入：居民个人从社会福利、社会保障和国家财政补贴支出中所得到的收入，主要包括各种补贴、各种救济金、失业补助和其他福利性收入。

（8）其他收入：如保险公司赔款，从物资回收部门得到的收入，个人间的馈赠、遗产继承等转移收入，个人中奖等。

2. 居民收入的使用

居民有了收入之后，首先要将可支配收入的一部分用来购买消费品和劳务，以满足自身生存、发展和享受的需要。在消费支出后所余下的部分被定义为储蓄。这样居民可支配收入就分解为两部分：一部分是个人消费支出，另一部分是个人储蓄。可用公式表示为：

$$Y = C + S$$

在这一公式中，Y 指居民可支配收入，C 指居民消费，S 指居民储蓄。居民消费就是个人可支配收入中未用于储蓄的部分；居民储蓄就是个人可支配收入和消费的差额。

需要注意的是，居民储蓄有广义和狭义之分。广义的居民储蓄指个人可支配收入中未用于消费的部分。它可以再分为两个部分：金融资产储蓄和实物资产储蓄。狭义的居民储蓄就是居民在银行的储蓄存款。

归纳起来，居民可支配收入的来源和去向如图 4－2 所示。

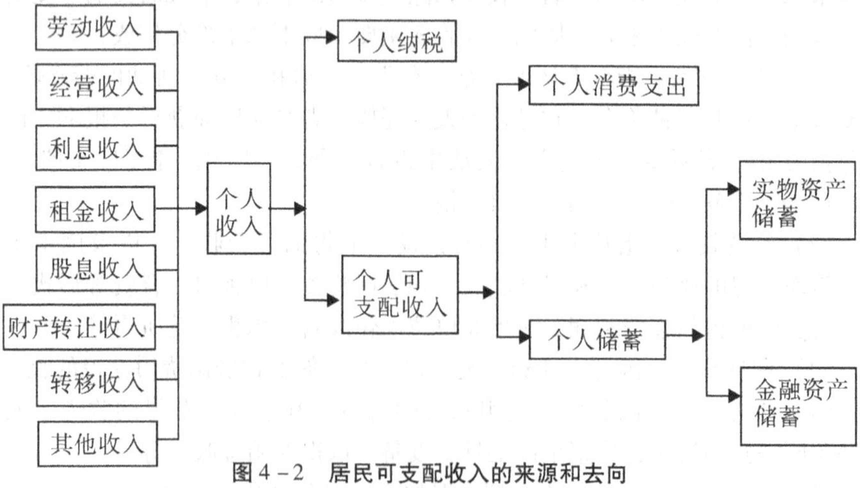

图 4－2　居民可支配收入的来源和去向

二、居民收入分配方式

1. 市场是个人收入分配的主渠道

在市场经济体制下，居民个人作为生产要素的拥有者，不断向市场提供厂商从事生产所必需的物质要素或人力资本，同时从市场取得提供生产要素的收入。收入分配的市场化是市场经济中国民收入分配的主导原则，按照这一原则，居民通过向社会提供各种生产要素来从市场取得收入，各种要素收入的高低由市场供求决定。市场是个人收入分配的主渠道，政府的再分配、社会的慈善事业只是辅助渠道。

2. 按生产要素分配

生产要素是指进行社会生产经营活动时所需要的各种社会资源。现代西方经济学认为生产要素包括劳动、土地、资本、企业家才能四种。劳动是指人的体力和脑力的支出。土地包括土地本身及地上、地下的一切取之于自然的资源。资本指土地以外的一切生产资料，包括实物形态和货币形态的资本。企业家才能是指组织建立与经营管理企业的才能。

按生产要素分配是指社会根据各种生产要素在商品和劳务生产服务过程中的投入比例和贡献的大小给予要素所有者报酬。一般地，劳动力所有者获得工资，资本所有者获得利息，土地所有者获得地租，企业家获得利润。按生产要素分配是通过商品生产和商品交换实现的，因而它是市场经济特有的分配方式。

按生产要素分配有其客观依据：第一，生产要素参与分配是由生产要素所有权引起的。只要生产要素掌握在不同所有者手中，不管是资本主义还是社会主义，都要承认生产要素参与分配的合理性。否则这些生产要素就会闲置，造成社会资源的浪费。第二，生产要素参与分配是与市场经济相适应的分配方式。在市场经济条件下，市场对社会资源的配置起着基础性作用。而通过市场对资源进行配置，就意味着各种生产要素的流通及其在生产经营中的投入，都应按照市场经济的原则，向生产要素的所有者支付代价，或为生产要素的所有者带来相应的收入，从而形成按生产要素分配的原则。如在市场经济中，资本要通过市场进行筹集和分配，这样筹集资本要支付一定的代价，通过发行股票和债券来进行筹集资本，就要支付股息和利息，购买股票和债券则获得一定的收入，等等。第三，生产要素是社会产品生产中不可缺少的因素，必须充分有效地发挥生产要素的作用。按生产要素分配可以引导生产要素的所有者对生产要素的投向作出合理选择，从而使生产要素按市场的需求得到有效配置。按生产要素分配还可以实现资源的节约，提高资源的利用效率，调动闲置资源投入的积极性，充分发挥生产要素的作用。

3. 工资、利息、利润和地租

（1）工资。工资是劳动力要素的所有者通过向市场提供劳动力要素所得到的收入，是使用劳动所付的价格。

工资分为货币工资和实际工资。货币工资是每单位时间以货币形式得到的工资；实际工资是用货币工资所能买到的商品和劳务的数量。实际工资取决于货币工资和商品的价格，它与货币工资成正比，与商品价格成反比。劳动者供给决策是根据实际工资的变动作出的。

从工资的计算方法来看，工资有两种基本形式：计时工资和计件工资。

计时工资是按照个人劳动时间支付的工资。如月工资、周工资、小时工资等。一般适用于注重工作素质及计算工作量的工作。它是一种广泛使用的支付形式。

计件工资是指按劳动者生产的产品数量或所完成的工作量支付的工资。一般适用于容易计算产出的行业。这种工资形式能使劳动者更直观地看到工资收入与劳动成果之间的联系。

在市场经济条件下，工资是由劳动的供给和需求共同决定的。从需求方面看，劳动力的价格即工资取决于劳动的边际生产力或劳动的边际收益产量。为了阐述这个问题，我们需要了解几个概念。

总收益（*TR*）是指厂商出售各种数量的产品所实现的货币收入，它等于单位产品价格乘以其销售量。

边际产量（*MP*）是指增加或减少一单位生产要素投入量所带来的产出量的变化。如果用 ΔP 表示总产量的增量，用 ΔQ 表示生产要素的增量，那么，边际产量的计算公式为：$MP=\Delta P/\Delta Q$。

劳动的边际产量是指劳动投入量增加一单位所引起的产量的变动量。

劳动的边际收益产量（*MRP*）是指劳动投入量增加一单位时总收益的变动量。

边际收益产量的计算公式是：$MRP=\Delta TR/\Delta L$。

边际生产力递减规律：在其他生产要素投入量保持不变的条件下，某一生产要素随着投入量的增加，其边际生产力递减，也就是边际收益产量递减。

表 4-1　制衣厂雇佣工人需求表

劳动量（L）	产量（件）（Q）	劳动边际产量（MP）	总收益（TR）	边际收益产量（MRP）	单位产品的价格（P）	工资	边际利润
0	0	0	0	0			
1	10	10	100	100	10	40	60
2	18	8	180	80	10	40	40
3	24	6	240	60	10	40	20
4	28	4	280	40	10	40	0
5	30	2	300	20	10	40	-20

我们假定企业处于完全竞争市场，当每件产品价格为 10 元时，它可以选择任何产量水平。

在表 4-1 中，我们可以看到，在其他条件不变的情况下，随着所用劳动量的增加，劳动的边际产量递减。在完全竞争市场上，每增加一单位产品的价格不变。边际产量减少，价格不变，劳动的边际收益产量就递减了。

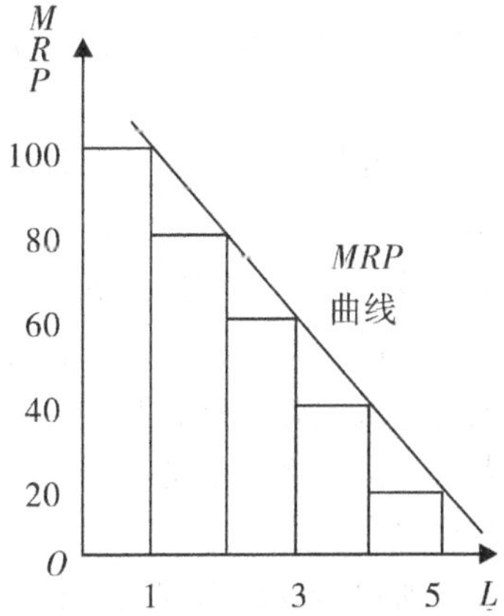

（a）边际收益产量曲线

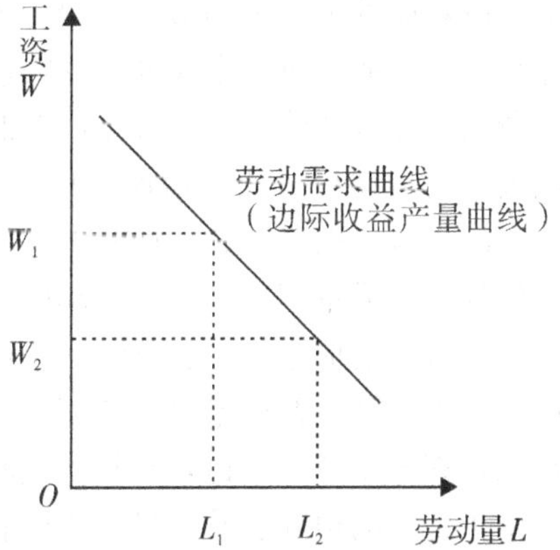

（b）劳动的需求曲线

图 4-3　边际收益产量和劳动的需求

图 4-3（a）是根据表 4-1 作出的。图中，横轴代表劳动量，纵轴代表劳动的边际收益产量，*MRP* 为边际收益产量曲线，它描绘了在每个劳动量水平上劳动的边际收益产量。劳动的边际收益产量曲线向右下方倾斜，表示劳动

的边际收益产量随着劳动数量的增加而减少。

企业是如何选择所需要的劳动力数量的呢？从表 4－1 中我们可以看到，假如雇佣工人的工资为 40 元，那么企业雇佣第一、第二、第三个工人分别为它带来 60 元、40 元和 20 元的利润。第四个工人的边际产值恰好等于他的工资，企业利润为零。第五个工人的边际产值比他的工资低 20 元，企业亏损了 20 元。因此企业只会雇佣 4 个工人，而不愿意雇佣 5 个工人。

我们可以通过图形直观地显示出企业决定劳动要素需求的基本规则。

支付工人的市场工资表现为图 4－3（b）中的水平线，向右下方倾斜的曲线是边际收益产量曲线。为了使利润最大化，企业雇佣工人人数要增加到这两条线相交的那一点上。低于这一点，边际收益产量大于工资，因此多雇佣一个工人会增加利润。超过交点雇佣更多的工人，边际收益产量低于工资，因而会给企业带来负利润，即亏损。

当工资为 W_1 时，企业雇佣工人的人数为 L_1，依据相同道理，当工资降低到 W_2 时，企业雇佣的工人数量调整到 L_2。总之，追求利润最大化的企业会将雇佣工人的人数调整到边际收益产量等于工资这一点上。

当工资为 W_1 时，劳动的边际收益产量等于工资时所对应的劳动量为 L_1。L_1 就是在工资 W_1 下对劳动的需求。当工资为 W_2 时，劳动的边际收益产量等于工资时所对应的劳动量为 L_2。L_2 就是在工资 W_2 下对劳动的需求。因此，劳动边际收益产量曲线也是企业的劳动需求曲线。

劳动的需求曲线与边际收益产量曲线之所以完全相同是因为企业要使用利润最大化的劳动量。如果增加一单位的劳动成本（即工资率）低于增加一单位劳动的收益（劳动的边际收益产量），企业就要增加劳动。相反，如果增加一单位的劳动成本高于一单位劳动的收益，企业就会减少劳动。只有当使用最后一单位劳动的成本等于收益时，企业才能实现利润最大化。这就是说，只有工资率等于边际收益产量时，才能实现利润最大化。因此企业的劳动需求量就是在工资率等于劳动的边际收益产量时对应的劳动量。

由于劳动的边际收益产量曲线向右下方倾斜，所以劳动的需求曲线也是向右下方倾斜。在其他条件不变的情况下，工资率越低，劳动的需求量越大。

劳动的供给取决于下述因素：

第一，劳动者的数量。劳动者的数量越多，劳动的供给量就越大。

第二，劳动力的生产成本，即劳动者养活自己和家庭的费用以及劳动者所需接受教育和训练的费用。

第三，劳动者对收入和闲暇的偏好。

为了使居民供给劳动，厂商必须提供足够高的工资率。如果劳动者偏好收入，劳动供给量将随工资的提高而增加；相反劳动的供给量会减少。由于劳动者可以自由选择职业，厂商要得到更多的劳动，就必须支付更高的价格，以促使劳动者放弃其他的就业机会。因此市场的劳动供给曲线是向右上方倾斜的。

这里需要说明的是：单个劳动者的劳动供给曲线并不是一直向右上方倾斜的，而是从某一点上向后弯曲的，被称为后弯的供给曲线。因为当工资的提高使人们富足到一定程度以后，人们会更加珍视闲暇。因此，当工资达到一定高度而又继续提高时，劳动供给量不但不会增加，反而会减少。但劳动的市场供给曲线却不一定如此。在较高的工资水平上，现有的工人也许提供较少的劳动，但高工资也会吸引新的工人进来，因而总的市场劳动力供给一般还是随着工资的上升而增加，从而市场的劳动力供给曲线仍然是向右上方倾斜的。

在某种劳动市场里，均衡的工资率和均衡的就业量是由劳动的供给和需求决定的。如图 4－4 所示。图中横轴表示劳动力的数量，纵轴表示工资率。劳动供给曲线 S 和需求曲线 D 相交于 E，决定了均衡的工资率 w 和均衡就业量 q。

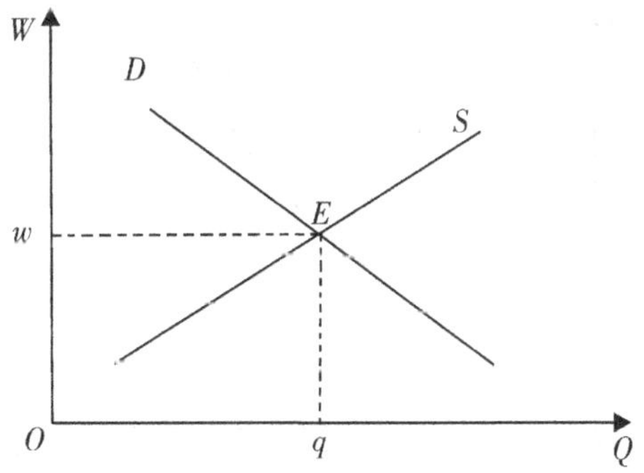

图 4－4 劳动力市场上均衡工资的决定

当市场需求扩大超过供给时，劳动力市场价格或工资就会上升，工资水平的提高会促进劳动供给的增加，但这种增加会受到劳动力的总量和劳动的负效应的阻碍。当劳动力市场需求低于供给时，劳动力市场价格或工资会下降，工资水平的降低会减少劳动力的供给，出现非自愿失业、自愿失业等各种劳动力闲置的情况。

总之，市场经济中，劳动力资源所有者所得到的劳动收入是由市场调节并由市场供求状况决定的。

（2）利息。利息是指对借入资金所付的报酬。居民个人运用自己的财产进行投资活动有两种形式：第一种是把财产作为资本贷给企业家进行经营；第二种是把财产作为资本进行投资，开办各种实业，如办个体户、私营企业，由自己直接进行投资活动。在第一种情况下，财产所有者只是作为资本所有者，贷出资本，通过他的资本所有权取得的收入，叫做利息。在第二种情况下，财产所有者具有双重身份，即既是资本所有者又是经营者，作为资本所有者取得利息，作为企业家取得利润。

利息率是指对借入资金所付的价格，它等于利息与借入资金的比率，是由借贷资金市场的需求和供给决定的。在预期利润一定的情况下，利息率越高，厂商借入资金用于投资或居民借入资金用于消费的代价越大，他们愿意借入资金的数量越少。因此资金的需求量随着利息率的上升而减少。同时，利息率越高，资金供给者得到的收益就越多，资金的供给量就越大。因此，资金供给曲线在以横轴表示资金量，纵轴表示利息率的坐标系里表现为一条向右上方倾斜的曲线。在资金需求曲线和供给曲线相交的时候，决定了均衡利息率 i 和均衡借贷数量 m。如图 4－5 所示。

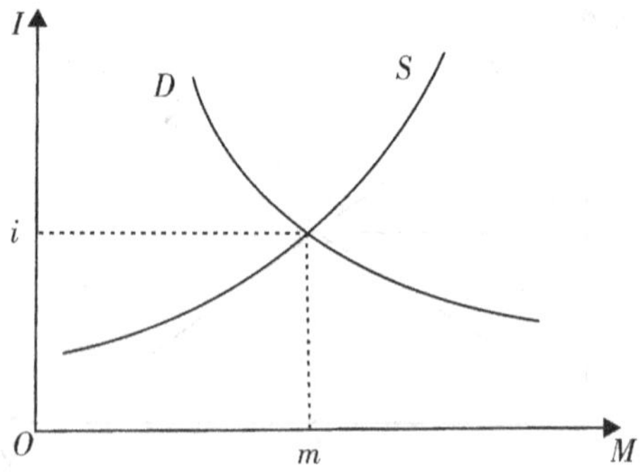

图 4－5　利息率的决定

在均衡利率 i 以下，资金的需求超过供给。想要借钱又借不到钱的人竞出高价；借钱欲望最小的人则退出稀缺资金的竞争。在较高的利率上，储蓄者储蓄更多，因此有更多的资金进入市场，这个过程持续进行，一直到利率提高到使供求相等的水平为止。如果最初利率在 i 以上，调整过程正好与上述相反。

（3）利润。利润是企业家经营企业的收入。利润不是利息，利息是资本所有权的收入，利润是企业家才能这一要素提供服务的报酬。利润等于总收入减去总成本。

利润 = 总收入 - 总成本

总收入是从销售产品中得到的收入，它等于总销售量乘以每单位的售价。

总成本包括两部分：一是直接支付的款项；二是投入或者说生产要素的机会成本。机会成本是与企业未将资源用于其他可供选择的最佳用途而放弃的机会相联系的成本。只要资源被投资到一个企业，就会出现机会成本的问题。如我们可以将一笔钱用来投资开糖果店，也可以将这笔钱用来购买政府债券。如果这笔钱投资开了糖果店，就无法获得购买债券的利息。这笔放弃了的利息就是经营糖果店的机会成本。它应包含在糖果店经营活动的成本中。

又如，假定海伦决定在北京机场卖皮带。开始做生意之前，她买了一个漂亮的手推车，手推车的价格是20 000元。假定她以每条10元的价格每年可卖掉3 000条，而从供给者那里进货的成本是每条5元。假定海伦不亲自卖皮带，而是雇佣一个售货员来卖，他的年薪是12 000元。如果我们还假定手推车不随时间而贬值，通过下表，可以计算海伦所获得的利润。

表4-2　计算总收入、总成本和利润

初始投资	20 000元
市场利率	10%
总收入（3 000条×10元）	30 000元
成本： 从供应商处购买皮带 劳动力成本 资本的机会成本（20 000×10%）	 15 000元 12 000元 2 000元
总成本	29 000元
利润 = 总收入 - 总成本	1 000元

想一想：

假设某公司在2005年开业。开业购置厂房和设备等所需的费用为1 000 000元，资金全部通过出售公司股份筹集。假定公司每年的盈利为200 000元，这笔钱将全部用于股东分红。如果此时的市场利息率为11%，那么按照我们所说的利润的定义，股东赚的利润是多少？

关于利息和利润的作用。利息是对延期消费的一种激励。当你进行储蓄时，你就将当前的消费机会向后推延了。也有人认为利息是对推迟消费的一种奖励。利润是对创新和冒险精神的奖励。

（4）地租。地租是使用土地而支付的报酬。它是由土地的供给和需求决定的。

土地的需求取决于它的边际收益产量。边际收益产量越高，它的需求量就越大。反之，它的需求量就越小。在边际收益递减规律的作用下，土地的边际收益产量是递减的。因此土地的需求曲线是向右下方倾斜的。在图 4 - 5 中，横轴表示土地的数量，纵轴表示地租，土地的需求曲线是 D。

土地的供给是固定的。某经济社会有多少土地，它的土地供给量就是多少。所以土地的供给曲线完全没有供给弹性。如图 4 - 5 中的供给曲线 S 是垂直线。

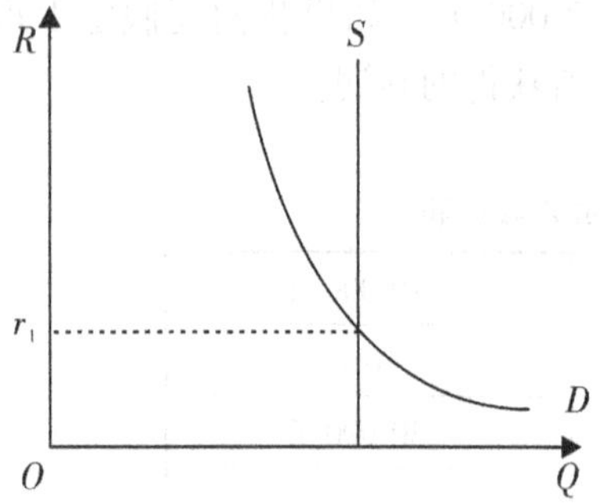

图 4 - 5　地租的决定

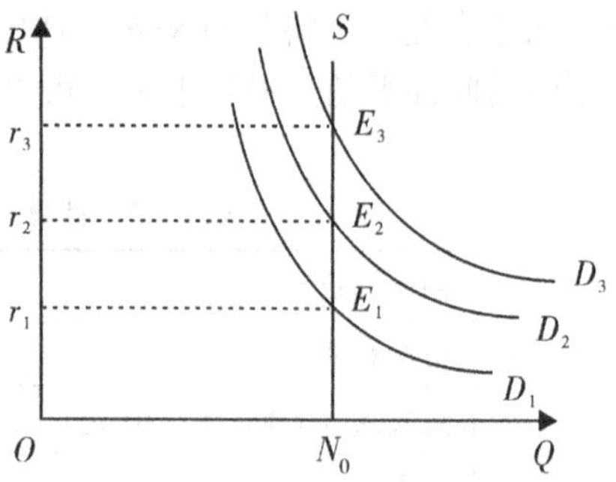

图 4 - 6　土地需求的增加

由于土地的供给是固定的，因此地租主要取决于土地的需求。土地供给曲线和需求曲线的交点决定了均衡地租 r。当土地的需求减少的时候，均衡地租趋于下降，但土地的供给量仍保持不变。这意味着土地需求的变化只有价格效应而没有数量效应。如图 4 - 6 所示。

三、个人收入差别及其衡量

1. 洛伦茨曲线（Lorenz curve）和基尼系数（Gini coefficient）

为了准确观察贫富差距及其变动情况，需要对收入不平等程度加以度量。衡量收入分配差别最基本、最流行的方法是建立洛伦茨曲线和计算基尼系数。

为了研究国民收入在国民之间的分配，美国统计学家洛伦茨（Max Otto Lorenz）提出了著名的洛伦茨曲线，它是表示收入分配平均程度的图像。

建立洛伦茨曲线，就是按居民人均收入水平将总人口或总家庭分组或分层，并相应地计算个人或家庭的收入份额，然后把这些资料表示在几何图上。这种曲线本身反映一种人口百分比与收入百分比之间的关系。

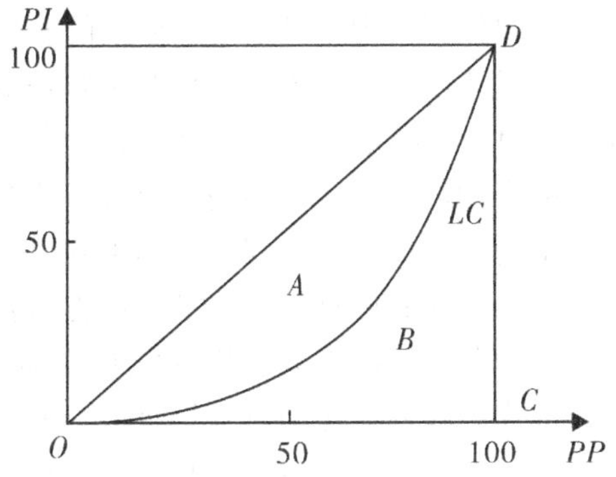

图 4－7　洛伦茨曲线

在图 4－7 中，横轴表示人口的百分比，纵轴表示收入的百分比。对角线 *OD* 表示占人口一定百分比的人一定得到同样百分比的收入，因而它叫绝对平均曲线。直角边 *OCD* 表示占人口 99% 的人没有得到任何收入，而 1% 的人得到了 100% 收入，所以它叫做绝对不平均曲线。而实际的收入分配曲线位于绝对平均曲线和绝对不平均分配曲线之间，这就是洛伦茨曲线。它表示一个现实的经济社会里，占人口一定百分比的人究竟得到了多少百分比的收入。洛伦茨曲线越是偏离 45 度线而凸起，表示收入分配越不均等。

基尼系数是 20 世纪初由意大利经济学家基尼（Corrado Gini）根据洛伦茨曲线图提出的一种判断收入分配平均程度的指标。如果用 *A* 表示绝对平均曲线和洛伦茨曲线之间的面积，用 *B* 表示洛伦茨曲线和绝对不平均曲线之间的面积，那么表示收入分配平均程度的基尼系数的计算公式是：

$$GC = \frac{A}{A + B}$$

这里，如果 *A* 等于 0，那么基尼系数等于 0，洛伦茨曲线和绝对平均曲线重合，这时收入分配是绝对平均的。如果 B 等于 0，则基尼系数为 1，洛伦茨曲线和绝对不平均曲线重合，这时收入分配绝对不平均。一般来说，基尼系数的值介于 0 与 1 之间。基尼系数越大，表示收入分配越不平均。反之，它的数值越小，表示收入分配越是趋于均等。国际上通常认为，基尼系数的警戒线为0.4，基尼系数超过0.4，表明财富已过度集中于少数人。

2. 收入分配不均等的原因

在市场经济中，居民个人作为从事经济活动的主体，是生产要素的供给者，不同的人由于向社会提供劳动力及其他生产要素的质量和数量的不同，其个人收入必然存在差别。具体而言，收入的不均等主要是由下述因素造成的：

第一，财产占有的差别。财产是人们获得收入的一个重要来源，不同的人由于拥有资本、房产等财产的数量和质量不同，收入必然有差别。在私有制市场经济中财产分配的不平均是造成收入差别过大的主要原因。

第二，能力的差别。人有着不同的智力、体力和艺术能力。有的人可以从事需要专门知识的高收入职业，有的人只能从事简单的低收入工作。身体强壮和协调性较好的人可以成为高收入的运动员，具有艺术天赋的人可以成为高收入的艺术家。总之，人的能力的差别，造成了收入的差别。

第三，教育和训练的差别。不同的人接受教育和训练的程度不同，有的人有机会接受更高的教育，而有的人因生活困难而辍学，这样就形成了教育和训练的差别。这种差别导致了职业和技术的差别，从而带来了收入的差别。

第四，工作偏好和冒险精神。有的人甘愿从事危险和劳累的工作，愿意不辞劳苦地日夜兼职，或敢冒投资的风险，这些人的收入就高。相反，那些厌倦工作、保守萎缩的人，收入就低。

四、个人收入差别的调节

居民收入差距过大，不仅会导致居民消费倾向的下降和国民经济运行的不良循环，而且会引起各种社会冲突，不利于社会的和谐发展。因此收入分配要兼顾效率和公平，必须在市场分配的基础上再由政府对个人收入进行二次调节。

收入调节就是对个人收入的再分配。国家对个人收入差别的调节主要有两种方式：一是国家向个人征税；二是国家给予个人福利性收入。除此之外国家还可以通过信贷手段调节居民收入，也可以通过调整某些商品的价格来调节个人收入。究竟采取哪些调节方式，应视国家的调节目标和具体的调节对象而定。

收入调节是有限度的。首先，从个人那里取走的收入应当有某种限度。如果国家向个人征税超过了这种限度，或者会影响个人劳动的积极性，或者会影响个人储蓄和投资的积极性，从而不利于经济的发展。其次，给予个人的福利性收入同样也应该有某种限度。一方面，提供福利收入者应该考虑到自己的财务负担问题，不然这种福利是无法长期维持下去的。而福利支出往往具有不可逆性，一旦增加就难以减少，否则会引起原来得到福利性收入的人的不满。另一方面，市场经济中个人收入主要是劳动收入和其他要素收入，福利性收入属于补充性收入。福利性收入超过某种限度后有可能使某些人产生依赖思想，进而可能降低他们的劳动积极性。总之收入的调节，无论是从个人那里取走收入还是给予个人福利性收入都必须有一定的限度。

第三节　居民的消费行为

一、消费及消费结构

消费是人们消耗一定的生活资料和劳务以满足生活需要的过程。一方面它是人们维持自身生存和发展的自然过程；另一方面它又是在一定社会关系中进行的社会过程。

消费需求是消费者通过消费物品或劳务才能得到满足的需求。这种需求不同于人们的自然或主观的需要，消费需求是有效需求，即既有购买欲望又有购买能力的需求。

人们在消费过程中所消费的各种消费资料和劳务的组成关系及比例关系，就是消费结构。消费结构可以从不同的角度进行分类。按消费对象分类，可以分为对生活资料的消费和对社会服务的消费。按消费的需要层次来分类，可以分为对生存资料的消费、享受资料的消费和发展资料的消费。按消费方式分类，可以分为社会消费和个人消费。按所消费的商品的内含价值来分类，可以分为高档、中档、低档消费品的消费。

居民的消费结构不是一成不变的，相反，它会随着社会经济的发展、收入水平的提高以及消费需求本身的变化而不断变化。尽管其变化在不同的国家或同一国家的不同时期呈现出相当的差异，但是仍有规律可循。从长期趋势看，居民消费结构的变动是按以下总体方向进行的：

第一，总是循着“生存需要—发展需要—享受需要”的顺序发展。

第二，随着家庭收入的增加，用来购买食物的支出在居民家庭支出中的比重会越来越少。19 世纪德国的统计学家恩格尔（Ernst Engel）从统计资料中发现：一个家庭收入越少，家庭收入中或家庭总支出中用来购买食物的支出所占的比例就越大。随着家庭收入的增加，家庭收入中或家庭支出中用来购买食物的支出将会下降。一个国家越穷，每个国民的平均收入中或平均支出中用来购买食物的费用所占的比重就会越大。随着国家的富裕，这个比例呈下降趋势。

这就是恩格尔定律。食物支出总额与总支出之比称为恩格尔系数（Engel's coefficient）。一般来说，恩格尔系数越小，它所反映的收入水平及与之相适应的消费水平就越高；反之，它所反映的收入水平及与之相适应的消费水平就越低。

$$恩格尔系数=\frac{食物支出}{总支出}$$

第三，服务消费在居民消费结构中所占的比重会逐渐上升。服务消费包括旅行、教育、保健、医疗、娱乐等形式的消费。

想一想：

同学们各自家庭的恩格尔系数是多少呢？

二、影响居民消费需求的因素

现实经济生活中，居民为了满足自身需要所进行的消费活动，要受到收入、价格、商品和社会等诸多因素的影响。

1. 收入因素

（1）居民可支配收入——首要因素。居民要用货币收入来购买自己所需的消费品，因而居民可支配收入的数量，是影响其消费行为的首要因素。在一般情况下，居民的消费是随着可支配收入的增减而增减的。居民的可支配收入较多，他对各种商品和服务的消费量就较大，反之亦然。但是，对于不同消费水平、不同社会经济环境、不同文化传统、不同年龄以及不同消费习惯的居民来说，消费并不一定与可支配收入同比例增加或减少。

（2）储蓄和消费的比例。在可支配收入的数量已定的情况下，居民将收入分为储蓄和消费的比例，也是影响消费的重要因素。如果居民个人的边际消费倾向大于平均消费倾向，那么消费倾向是递增的，反之亦然。一般说来，居民个人的消费倾向越高，他对各种商品和服务的消费量越大；居民个人的消费倾向越低，他对各种商品和服务的消费量就越小。

（3）对未来收入的预期。居民对未来收入的预期，也会影响其当前消费。例如，某个居民尽管当前收入不多，但如果预期未来可以获得较稳定的收入，他就可能以消费信贷的形式动用预期的收入进行当前消费。

2. 价格因素

在居民的收入和消费倾向一定的情况下，商品价格成为影响消费者行为的决定性因素。这里所说的价格，指产品和服务的绝对价格和相对价格。绝对价格即价格水平，相对价格即不同商品的比价。

一般来说，居民对某种商品的购买量是与该种商品的价格高低成反方向变动的。价格上升，居民的购买量减少；价格下降，则购买量上升。但商品价格水平的变动会在多大程度上引起购买量的变化，又取决于商品的种类、性质以及居民的收入水平等。

相对价格或比价对居民消费的影响，与不同消费品之间存在的替代性和互补性有关。有些消费品可以相互替代，有些消费品之间具有互补性：

（1）替代性。若某种商品价格上涨，其替代品商品价格不变，居民就会减少该种商品的购买量而相应增加其替代品的购买量。这时，尽管居民消费支出可能不变，但其消费结构，即各种消费品在全部消费中所占的比重，却发生了变化。

（2）互补性。在具有互补性的商品中，一种商品价格上升，不仅会使这种商品本身的购买量减少，而且会使与该种商品互补的其他相关商品的购买量减少，反之亦然。

3. 商品因素

（1）商品本身的性能、质量、外观、包装等，是影响居民购买的重要因素。消费者在购买商品时，首先要看所购买的商品是否具有满足自身特定需要的功能，然后要比较同类商品的质量。外观和包装则会增强居民的购买欲望。

（2）商品广告不仅可以传递市场信息，而且可以刺激居民的消费欲望和引导居民的消费方向。

（3）商品的保养、维修和售后服务也是影响居民消费的重要因素。

4. 社会因素

居民消费是一种社会行为。个人的消费支出不仅受到收入、价格和商品因素的影响，也受到周围人们消费行为的影响。

例如，某人购买了某种效用较好、价格合理的商品，在他的影响下其邻居也会去购买该种商品，这叫做“示范效应”。

此外，文化传统和生活习惯也会影响人们的消费行为。

三、消费者均衡

居民作为消费者在市场上从事购买活动，首先必须考虑自己的经济收入，必须根据收入安排支出。其次，他还必须比较和权衡各种商品和劳务的效用，以使得既定收入所购买的商品和劳务能给予其最大的满足。这就是消费者的消费选择。消费者的行为选择问题可以表述为：在给定商品价格和收入的约束下，消费者如何根据自己的偏好（效用函数）选择最佳的消费数，即实现效用最大化。

1. 效用、总效用和边际效用

人们之所以要消费商品和服务，是因为从消费中他们的一些需要和爱好能得到满足。如消费食品能充饥，多穿衣服能御寒，等等。这种从商品的消费中能得到的满足感就是通常所说的效用。效用是指商品满足人的欲望的能力，即消费者在消费商品时所感受到的满足程度，它是一种主观心理评价。效用因地、因时、因人而异。

基数效用和序数效用。基数效用是指用基数 1、2、3……具体数量衡量的效用。基数效用论者认为，效用如同长度、重量等概念，可以具体衡量并加总求和。基数效用论者用边际效用分析方法来研究消费者行为。

序数效用指用序数即第一、第二、第三……次序表示的效用。序数效用论者认为，效用大小是无法具体衡量的，它们之间的比较只能通过顺序或等级来表示。序数效用论者用无差异曲线的分析方法来研究消费者行为。

基数效用论认为效用是可以计数的，序数效用论认为效用不能计数，但可以排序。

基数效用论者区分了总效用和边际效用。总效用和边际效用的英文缩写分别是 *TU*（Total Utility）和 *MU*（Marginal Utility）。

总效用是指消费者在一定时间内消费一定量商品时所感觉到的满足的总和，用 *TU* 来表示。

边际效用是指增加或减少一单位商品的消费所感觉到的满足的变化，用 *MU* 来表示。如果用 ΔTU 表示总效用的增量，ΔQ 表示商品的增量，那么 $MU = \Delta TU/\Delta Q$。

在一定时间内，在其他商品的消费数量不变的前提下，随着消费者对某种商品消费量的增加，消费者从该商品连续增加的每一消费单位中所得到的效用增量即边际效用是递减的。这种现象具有普遍性，被称为边际效用递减规律。

边际效用递减是与人们在消费过程中生理与心理特点分不开的。例如，某人在享用食物的时候，第一单位食物给他带来的满足程度较高。但随着食物数量的增加，虽然总效用在增加，但每增加一单位食物所增加的效用是递减的。当这个人对食物的欲望从生理上和心理上都得到完全的满足以后，食物数量的增加将使他感觉不适，边际效用成为负数。

商品的总效用和边际效用之间的关系是：当边际效用递减但为正值时，总效用是增加的；当边际效用递减为零时，总效用达到最大值；当边际效用递减为负值时，总效用是减少的。

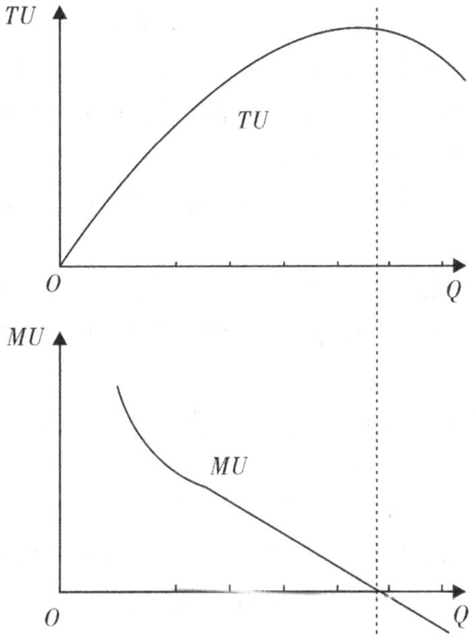

图 4－8　商品的总效用和边际效用

表 4－5　橘子的总效用（TU）和边际效用（MU）

橘子	TU	MU
0	0	
1	30	30
2	58	28
3	83	25
4	105	22
5	125	20
6	143	18

不仅商品的边际效用是递减的，货币收入的边际效用也是递减的。货币收入的边际效用是指每增加或减少一单位货币收入所增加或减少的效用。显然一个人在年收入为 1 万元的时候增加 100 元，比他在年收入为 10 万元时显得更重要，或者说具有更高的效用。

2. 消费者均衡的条件

由于每个消费者的欲望是无限的，而他所能支配的货币收入是有限的，因而也就产生了如何把有限的货币收入分配在各种商品的购买中以获得最大效用的问题。消费者均衡所研究的就是消费者在既定收入情况下，如何实现效用最大化的问题。消费者均衡是指消费者在一定收入和一定价格条件下，购买一定数量的某些物品或劳务所获得的最大满足状态。这里的均衡是指实现效用最大化时既不想再增加也不想再减少任何商品购买数量的一种相对静止状态。

理解消费者均衡须注意以下几点：

第一，收入有限、价格已知——即在消费者预算约束的条件下消费者可以花多少钱；

第二，消费者不能把全部收入用于一种商品消费，因为只有一种商品不能满足他多方面的需求，而且一种商品的边际效用递减，所以要用于多种商品的消费；

第三，消费者的收入用于哪些商品的消费，以及在每种商品的消费上花费多少，取决于他自己的个人偏好。

基数效用论者关于消费者效用最大化的均衡条件是：在消费者的货币收入固定和市场上各种商品的价格已知的条件下，消费者应使他所购买的各种商品的边际效用与价格之比相等，即消费者应使他每一单位货币支出的边际效用相等。

消费者的货币收入为一定，并且在一定收入范围内每一单位货币的边际效用是稳定的。在这个前提下，当他购买任何一种商品的时候，如果增购一单位商品所增加的效用大于因付出货币而减少的货币的效用，那么这个消费者增加购买这个单位商品可以使他得到更大的效用。但是如果增购一单位商品所增加的效用降低到低于因付出货币而减少的货币的效用以后，再继续增加商品的购买量，那么消费者增购商品所增加的效用将小于因支付货币而减少的效用，这时消费者的总效用将下降。因此消费者购买任何一种商品的最大效用原则是：

$$MU = \lambda P$$

其中 MU 表示商品的边际效用，λ 是货币的边际效用，P 是价格。

如果消费者不只是购买一种商品而是购买商品 1 和商品 2 两种商品，要得到最大效用，他应该在每一种商品的购买上都得到最大效用，即

$$MU_1 = \lambda P_1 \quad \lambda = \frac{MU_1}{P_1}$$

$$MU_2 = \lambda P_2 \quad \lambda = \frac{MU_2}{P_2}$$

因此消费者购买两种商品时的最大效用原则是：

$$\frac{MU_1}{P_1} = \frac{MU_2}{P_2} = \lambda$$

这也就是说消费者把最后一单位货币花在商品 1 和商品 2 上都得到相同的效用时，他在商品的购买中得到最大的效用。

如果消费者购买多种商品，那么消费者用一定量收入购买这些商品的最大效用原则是各种商品的边际效用与各自的价格之比相等，用公式表示就是：

$$\frac{MU_1}{P_1} = \frac{MU_2}{P_2} = \frac{MU_3}{P_3} = \cdots = \frac{MU_n}{P_n}$$

在获得最大效用化的条件下，消费者对商品的购买达到了均衡。

为什么消费者均衡必须符合这一条件呢？如果花费在任何一种商品上的最后 1 元能够提供更多的边际效用，那么追求效用最大化的消费者就会把钱从其他商品的花费上转移到该商品上去，直到边际效用递减规律使得花费在该商品上的最后 1 元的边际效用下降到与其他商品的相等时为止。如果花费在某种商品上的最后 1 元所带来的边际效用低于其他商品的一般的边际效用，那么消费者就会减少该商品，直到花费在该商品上的最后 1 元所提供的边际效用上升到一般的边际效用水平为止。所以消费达到均衡时，用于各种商品的每 1 元的边际效用相等。

想一想：

消费者花在每一种商品上的最后一单位货币所带来的边际效用相等，是否就是指消费者在各种商品上花费相同数额的钱呢？

表 4－6　某消费者的边际效用表

商品数量 Q	1	2	3	4	5	6	7	8
A 商品边际效用	11	10	9	8	7	6	5	4
B 商品边际效用	19	17	15	13	12	10	8	6

想一想：

表4－6中，某消费者在某个时期内将8美元全部用于A商品与B商品的购买，商品的价格分别为：$P_A=1$美元，$P_B=1$美元。那么，能给该消费者带来最大效用的组合应该是怎样的呢？

第四节 居民储蓄

一、居民储蓄的动机

居民获得收入后，除了用于消费就是用于储蓄。居民储蓄的主要动机可以分为以下几种：

（1）获利动机，即主要为了获取利息、股息和红利等收入而储蓄。

（2）防备动机。在人们的生活中，有可能发生意料不到的天灾人祸，为了应付这些事件他们需要进行储蓄。人们为了能够在退休以后进行消费，必须在工作的时候进行储蓄。为了应付失业或低收入时的生活而必须进行储蓄。

（3）目标储蓄动机是指人们为了实现某些特定的目标如购买汽车、住宅，筹集孩子的教育经费等而进行储蓄的意愿。

人们进行储蓄的动机是各种各样的，但储蓄的基本动机是稳定消费，如稳定工作阶段和退休阶段的消费、正常时期和非正常时期的消费、收入高和收入低年份的消费。

二、居民储蓄的方式

在现实社会中，居民储蓄的方式是多种多样的。主要有以下几种：

（1）银行存款。居民可以选择把钱存入银行，这是间接投资，居民作为间接投资者所得到的收益是银行存款利息。

（2）共同基金。共同基金是一种投资方式，它通过发行基金单位收集资金，由基金托管人保管并由基金管理人用于投资，投资收益在扣除管理费用以后分派给基金单位的购买者。因此居民可以选择购买基金单位的方式进行储蓄。居民选择这种储蓄方式承担的风险较小，得到的收益一般高于存款利息。

（3）政府证券。政府证券主要包括国库券和政府债券。居民购买政府证券属于直接投资。由于政府债务是以政府税收为担保的，居民购买政府证券几乎是没有风险的，但是所获得的利息也较低。

（4）公司债券。公司债券是公司发行的长期债务凭证，具有确定的利息率和偿还日期，居民购买公司债券以后可以定期得到利息。但购买公司债券有可能出现到期不能收回本金和利息的风险。一般来说，购买公司债券所承担的风险越大，所得到的收益越高。各种债券利息率比同期银行存款储蓄利息率高。

（5）公司股票。居民购买股票也属于直接投资。居民购买股票后就成为企业的股东，有权获得股息。公司在获得利润以后，把一部分利润用于扩大再生产，另一部分利润则发放给股票持有者，这部分利润就是股息。公司股票和公司债券不同：债券是一种债权证明书，它有确定的偿还日期，其利息是不变的。股票是一种所有权证书，没有偿还的日期，其股息是可变的。公司破产时，股票持有者一般得不到赔偿，因此购买股票存在较大的风险。但是，购买股票可以得到较高的收益。

（6）手持现金。居民为了应付日常生活中常规性的支出以及不可预料的紧急需要的支出而必须持有一定的现金。此外，居民手持现金有时也是为了能够随时把资金注入到最有利的投资渠道，以期获取高额收益。手持现金虽然有较大灵活性，但它不能给居民个人带来任何收入，而且还要承担失去利息或物价上涨而可能带来的损失。

（7）保值物品。这种资产存在形式，既不像手持现金那样，具有较大的灵活性，也不能给个人带来投资收益。个人保值商品仅仅起到保值的作用。

三、居民储蓄方式的选择

居民在选择储蓄方式的时候，一般需要考虑下述因素：

（1）收益率。这里的收益率泛指银行利率、债息率和股息率。在其他因素不变的情况下，哪一种储蓄方式的收益率高，居民将选择哪一种储蓄方式。

（2）风险。这里所说的风险是指居民不能取得储蓄收益甚至造成损失的可能性。一般说来，银行存款、政府债券的风险较小，股票和公司债券风险较大。西方经济学家将消费者对待风险的态度分为三类：风险厌恶者、风险爱好者和风险中立者。尽管人们对待风险的态度不同，但如果其他条件不变，居民趋向于选择风险程度较小的储蓄方式。

（3）灵活性。灵活性是指把金融资产转变为现金和其他形式资产的难易程度。居民需要在必要的时候将金融资产转化为现金，或将一种资产转化为另一种资产，所以需要保持资产一定的灵活性。如果其他条件不变，居民趋向于选择灵活性较大的储蓄方式。

（4）政府赋税。政府对不同类型资产的收益征收不同的赋税。如果其他因素不变，居民趋向于选择税率较低或赋税优惠较多的储蓄方式。

想一想：

请对银行贷款、共同基金、国库券、政府债券、公司债券和股票的风险性和灵活性进行排序。

本章小结

居民是微观经济主体之一，居民的经济行为是微观经济运行的重要内容。居民是劳动力的供给者，是产品和劳务的需求者以及资本供给者和投资主体。居民的经济行为方式及其变化，对国民经济运行产生重大的影响。居民经济行为的内容包括居民的收入行为、居民的消费行为、居民的储蓄和投资行为。

从居民收入来源看，居民收入主要包括劳动收入、经营收入、利息收入、租金收入、股息收入、资产转让收入、转移收入和其他收入。居民收入扣除纳税后的剩余，形成居民的可支配收入。居民的可支配收入在使用过程中可分解为两部分，即个人消费支出和个人储蓄。居民个人可选择多种储蓄方式。居民个人收入差别可用洛伦茨曲线和基尼系数来衡量。收入调节就是个人收入的再分配。国家对个人收入分配的调节主要有两种方式：一是国家向个人征税；二是国家给予个人福利性收入。

影响居民消费的因素主要有收入因素、价格因素、商品因素和社会因素。从长期趋势看，居民消费结构的变动是按以下总体方向进行的：总是循着“生存需要—发展需要—享受需要”的顺序发展的。用来购买食物的支出在居民家庭支出中的比重会越来越小；服务消费在居民消费结构中所占的比重会逐渐上升。基数效用论者关于消费者效用最大化的均衡条件是：消费者应使他每一单位货币支出的边际效用相等。

居民获得收入后，除了用于消费就是用于储蓄。储蓄的方式主要包括银行存款、共同基金、政府证券、公司债券、公司股票、手持现金、保值物品。资产的收益率、风险、灵活性以及政府赋税是影响居民个人投资和储蓄形式选择的重要因素。

本章主要概念

工资；计件工资；计时工资；利润；利息；地租；洛伦茨曲线；基尼系数；转移收入；消费结构；恩格尔定律；效用；边际效用；边际效用递减规律；消费者均衡；居民储蓄

思考题

(1) 简述居民在市场经济中的地位。

(2) 简述居民收入的来源及其去向。

(3) 居民收入不均等的原因有哪些？

(4) 政府调节居民收入分配的方式有哪些？

(5) 影响居民消费的因素有哪些？

(6) 居民消费结构变动的规律是怎样的？

(7) 什么是消费者均衡？消费者均衡的条件是什么？如何实现消费者均衡？

(8) 居民储蓄的动机是什么？

(9) 居民储蓄方式受到哪些因素的影响和制约？

参考文献

[1] 曼昆：《经济学原理》，北京大学出版社 1999 年版。

[2] 王守梅：《政治经济学通论》，北京师范大学出版社 2000 年版。

[3] 吴树青：《政治经济学》，高等教育出版社 2005 年版。

[4] 李翀：《现代西方经济学原理》，中山大学出版社 1999 年版。

第五章　市场经济中的企业

企业是产品市场上的供给者和生产要素市场上的需求者，是重要的市场主体和经济决策单位。本章将介绍企业的组织形式，讨论企业决策的目标与决策的基础。

第一节　企业与企业制度

一、企业及其特征

企业又称为厂商，从最一般意义上讲，企业就是具有内部分工协作，实行自主经营、自负盈亏的生产经营单位和独立的经济实体。企业一般具有以下性质和特点：

（1）企业是在分工的基础上，通过众多劳动者的协作形成的、从事商品生产和商品经营活动的经济组织。企业不同于个体生产者，它把生产过程所需要的劳动者都组织在一个经营单位，实行分工协作，将外部分工内部化，以提高经济活动的效率。企业也不同于以自给自足为特点的经济组织，它直接以市场需求为导向，为社会提供商品和劳务，是商品生产和商品流通的直接承担者。市场经济发展到近代市场经济，社会经济活动的基本单位从家庭转向企业。企业是社会生产力有了一定程度的发展，社会分工扩大，市场经济发展到近代市场经济的产物。

（2）企业是营利性的经济组织。企业生产经营的直接目的是取得盈利，追求利润的最大化是企业的目标。对利润的追求是企业的内在动力，企业主之所以创办企业是为了赚钱。虽然企业有时表现为追求别的目标如增长率、市场份额等，甚至赞助社会公益事业，但从长远看，这些行为和利润最大化目标并不矛盾。不计盈利的经济单位，不受盈利原则支配的经济单位，如行政组织、慈善机构，都不是企业。

（3）企业是自主经营、自负盈亏、能独立承担财产经营风险和责任的经济实体。企业必须有独立的生产经营自主权，生产什么、生产多少、如何生产、产品价格的高低完全由企业根据市场的需求和自身能力决定。企业要对自身的经济活动负完全的经济责任，盈利由自己支配，亏损由自己承担。自主经营和自负盈亏是企业有效运营和行为合理化的必要条件，二者相辅相成，缺一不可。

（4）企业是有一定权利和义务的法人。企业作为独立的商品生产经营者，必须拥有一定数量的生产经营资金，有独立的生产经营权，有权支配自己的人力、物力和财力，只有这样才能根据市场需求的变动，灵活地组织产、供、销等经济活动。同时，严格意义上的企业必须具有法人地位。

想一想：

政府机关附属的印刷厂、你所在大学的附属食堂是不是企业？

二、企业制度及其类型

所谓企业制度就是有关企业资产组织方式、领导体制、经营管理、利润分配等一系列制度的总称。企业制度是一个多层次的制度体系，它包括企业产权制度、分配制度和管理制度等内容。产权制度是企业制度的基础，它表明了企业资本财产的来源归属及企业的财产组织形式。分配制度是支配企业收入分配的具体规则，管理制度是企业内部各个经济主体之间在企业经营过程中的权力安排。

在长期的经济发展中，与不同的产权形式相适应，逐渐形成了企业的三种法律形式，即个人业主制企业、合伙制企业和公司制企业。其中个人业主制企业和合伙制企业属于传统企业形式。公司制企业是现代企业形式，公司制企业主要包括有限责任公司和股份有限公司两种类型。在现代市场经济中，个人业主制企业和合伙制企业在企业数量上占有绝对优势，在世界各国一般达到80%以上。公司制企业的数量虽然大大少于个人业主制企业和合伙制企业，但在国民经济中却起着主导作用。

1. 个人业主制企业

个人业主制企业是由业主个人出资兴办和直接经营的企业，这种企业在法律上属于自然人企业，规模较小。在美国它被称为独资企业，在我国个体工商户和一些私营企业实际上就是个人业主制企业。

个人业主制企业的出资人为一个自然人，由此，它与合伙制企业区别开来，也与公司的分支机构区别开来。

个人业主制企业的业主对他的企业财产拥有直接支配权。作为企业的所有者，他有权直接经营企业，并独享所有利润。而公司的股东作为公司的所有者，不能直接支配他在公司的出资，他必须通过股东大会与其他股东一起来支配他们共同的出资，并与所有股东分享利润。

个人业主制企业的业主对企业债务负无限清偿责任，并独立承担企业的全部债务。也就是说，当个人业主企业的资产不足以清偿企业债务时，业主必须以他所有的企业以外的其他资产偿还债务。

个人业主制企业的优点是：因规模小、业务相对简单而便于管理；企业经营机动灵活，有较高的经营效率；企业经营好坏同业主个人的经济利益密切相关，因而业主有较大的经营动力，会尽心竭力把企业经营好。

个人业主制企业的不足之处在于：由于筹集资金较为困难，资本积累缓慢，企业规模难以扩大，从而不可能经营需要大量资本的事业；抵御风险的能力弱，由于业主要对企业债务负无限责任，所以个人业主制企业不适宜从事风险大的事业；企业的寿命有限，如果业主无意经营或因身体状况不佳无力经营，企业的业务就要中断；企业完全依赖业主个人的素质，素质低的业主也难以由外部人替代。

2. 合伙制企业

当所经营的事业超过了单个人的出资能力时，合资经营就成为了必然。合伙制企业是指两人或两人以上以合伙契约方式建立并经营的企业。合伙经营者称为合伙人，合伙人可分为普通合伙人和有限合伙人。普通合伙人对企业的债务负无限责任，有限合伙人对企业债务负有限责任，即以他们在企业中的资本为限承担责任。

合伙制企业的主要法律特征是：它是根据合伙人之间的契约成立的，这就需要合伙人之间的合意；合伙人之间具有人身相互信任关系，这与公司制企业，特别是股份有限公司不同。股份有限公司是典型的“资合企业”而不是“人合企业”，它的股东不需要、也不可能相互了解，他们也不能直接参加企业的业务活动。合伙制企业的合伙人对企业债务负无限清偿责任。除有限合伙人、匿名合伙人等以外的普通合伙人对企业债务负无限和连带责任。普通合伙人的连带责任就是指每一个普通合伙人都有义务清偿合伙企业的全部债务，合伙企业的债务人可以对某一个，或几个或全体普通合伙人同时或先后提出履行全部或部分给付义务的请求。当一个或几个合伙人履行了合伙企业的全部给付义务之后，他（们）就成了其他合伙人的债权人，因而有权要求其他合伙人偿付他们应负担的清偿债务数额。合伙制企业不具有法人资格。各国法律普遍认为，合伙制企业是以合伙人之间的契约为基础的，因而合伙不能成为法人。合伙制企业仍属于自然人企业。

合伙制企业的优缺点。合伙制企业的主要优点是，与个人业主制企业相比，其筹资能力和抗御风险的能力较强，决策能力也有所提高，可以从事更大的事业。合伙制企业的主要缺点是，业主所冒风险大，管理比较复杂，缺乏连续性和长久生命力，难以扩张和发展。

19世纪美国经济中的传统企业

1850年前后，波士顿地区追随英国纺织业的机器工厂模式，兴起了一批纺织企业。在技术上，这些纺织厂形成了从原棉进厂到纺纱、织布全过程连成一体的现代工厂布局；而制度上，则体现了以生产管理为主的特征。

这些纺织厂的资本一般由少数人通过合伙集资的方法筹措，合伙人成为企业的老板。在大多数场合不会由全体合伙人管理企业。但是工厂的主要大权必然控制在主要合伙人手中。一般情况是：工厂财务，包括原材料采购，由一位全日制的合伙人直接管理。产品销售由另外的合伙人负责，但该合伙人通常又是专业销售公司的合伙人。这是因为，当时的纺织厂自己并不直接负责产品销售，而是把产品交给专门营销的企业去销售。生产方面，通常聘请一位懂机械技术的人担任主管，负责工厂内部的设备与人工管理；这位主管直接向负责财务的合伙人报告，并接受后者的督导。至于工厂内部，则按工艺流程的顺序安排空间布局。典型的情况是：从底楼的原棉进厂与清理，经过二楼、三楼的抽纱、制锭、成坯、染整，最终到四楼变成成品布，基本上每个主要工艺流程分布在一个楼面；与此对应，每个楼面安排2~3名监工（领班），负责监管当班工人的操作与纪律。由于纺织作业需要的是技艺而不是蛮力，故厂里的操作工以女性为主。在这种布局和规模下，工厂生产主管与各层的监工得以保持经常性联系，即使亲自关注工厂的具体操作，在时间与能力上也无大碍。

这个时代的“企业管理”其实还处于资本主义发展的初级阶段。财务上，已经使用了标准的复式记账法，对原料、成品、其他费用（工资与辅料等）及往来账款等分类记录，并合成综合平衡表。但是，当时还没有现代工厂常见的成本分析，单位成本的概念尚未受到重视。营销上，一般由一位合伙人负责与也作为合伙人的专业营销商建立代理关系，工厂只管生产，推广与销售的事则权归独立的营销商。考虑到主要原料棉花也是由市场购入，故当时的采购与销售均完全由企业外的市场供求力量支配。纺织企业自身仅仅是实行了对生产过程的集中统一管理。在这种模式中，企业运行涉及的各项基本职能，如营销、生产、财务、采购等，或者是由不同企业通过市场交易方式进行协调，或者交给不同合伙人分工负责，各把一块，并不存在现代企业意义上的统一管理。

——摘自史正富：《现代企业中的劳动和价值》，上海人民出版社 2002 年版。

3. 公司制企业

在发达的市场经济中，大多数经济活动都是由公司进行的。随着生产社会化的发展，要求资本更大规模地集中，从而要求有一种新的企业制度形式，来解决生产规模扩大的筹资问题、投资风险问题和经营者责任问题，这样就产生了公司制企业。股份公司是一种通过发行股票的方式把分散的和独立的私人资本组织起来统一经营的企业制度。股份公司是现代市场经济中最重要的企业法律形式。它们的数量虽然大大少于个人业主制企业和合伙制企业，但在国民经济中却起着主导作用，有限责任公司和股份有限公司是其两种最重要的公司形式。

有限责任公司，又称有限公司，是由法律规定的一定人数的股东组成，股东以其出资额为限对公司负责任的公司形式。

有限责任公司是法人，具有民事权力能力和民事行为能力，依法独立享有民事权和承担义务。公司股东所负责任仅以其出资额为限，不负连带清偿责任。这种公司不得公开招募股本，也不得发行股票，股东人数比较少，各国法律一般都规定有最高限额，设立程序比较简单，也不必公开它的营业报告。

有限责任公司的优点主要是：股东只以其出资为限对公司负有限责任，大大降低了股东的投资风险；设立程序比较简单，对投资者来讲比较方便灵活；股东人数较少，股东特别是大股东能够在很大程度上直接管理企业，不像大型股份有限公司那样，存在股东与经理人员之间复杂的委托代理关系，避免或者说至少是减少了可能出现的经理人员“规避责任”的现象，降低了代理成本。

有限责任公司的缺点是：由于不能公开发行股票，筹集资金的规模和范围都比较小，难以适应大规模生产经营活动的需要，很难从事规模较大的事业，因此一般适合于中小企业。此外，由于股东大多直接经营企业，难以发挥专业人员的作用，不利于企业经营的现代化。

股份有限公司，又称股份公司，是由法律规定的一定人数以上的股东组成，公司全部资本划为等额的股份，股东就其所认购股份对公司负有限责任的公司形式。

股份有限公司有以下特点：

（1）股份有限公司是法人。这同有限责任公司的情况是一样的。股份有限公司的股东也只就其所认购股份对公司负有限责任，一旦公司破产，或公司解散进行清盘，公司债权人只能对公司的资产提出还债要求，而无权直接向股东讨债。

（2）股份有限公司的资本总额均分为每股金额相等的股份，以便于根据股票数量计算每个股东所拥有的权益。上市的股份有限公司，其股票可以在社会上公开发行，并可以自由转让。

（3）股份有限公司股东人数比较多，各国法律一般都规定有最低数额，上限则没有规定。

（4）资本雄厚，规模巨大。这是股份有限公司可以发行股票向社会公开募股的直接结果。

（5）现代大型股份有限公司中广泛存在“所有权与控制权的分离”。由于公司规模巨大，股东人数众多，因此股东不可能直接管理公司事务，而是由股东大会选举的董事组成董事会，由董事会选聘高层经理人员对公司进行管理。

（6）股份有限公司的账目必须公开。各国法律一般都规定，股份有限公司在每个经营年度结束时必须公开其年度报告、公司资产负债表、损益表。

（7）股份有限公司设立的程序复杂、严格。

股份有限公司除了具备法人资格、股东只以所认购股份对公司承担有限责任这一优点之外，其最大的优点是：一方面，它的资本划分为等额的股份并表现为股票的形式；另一方面，它具有在“所有权与控制权”分离、股东不必参加企业管理的情况下，保护股东利益的机制，这就为在广大范围内筹集巨额资金、从事规模巨大的事业提供了可能，为现代经济的主导力量——大型企业的发展提供了合理的组织形式。

股份有限公司也有缺点，主要是公司的设立程序和管理复杂；很多股东购买股票，只是想从中谋利，不一定关心企业的经营；公司高层经理人员甚至公司董事，不一定是股东，因而需要复杂的激励机制使他们尽职尽责。

综上所述，与个人业主制和合伙制企业相比，股份有限公司有以下三个特点：

（1）出资者的责任有限。这降低和分散了投资企业的风险，使企业可以广泛地筹集到社会上闲散的资本，在短时间内创办较大规模的企业。

（2）资本的股份化和自由转让。资本的股份化可形成更多的出资者，资本的自由转让使私人财产权利更具有流动性。

(3) 企业具有独立寿命。现代市场经济中，除了有限责任公司和股份有限公司这两种最重要的公司以外，还存在另外两种公司形式，即无限公司和两合公司，其数量很少。

无限公司是指由两个或两个以上股东组成、股东对公司债务负连带无限清偿责任的公司。无限公司是否具有法人地位，各国法律有不同的规定。

两合公司是指由一人以上有限责任股东和一人以上无限责任股东共同组成、无限责任股东对公司债务负无限连带清偿责任、有限责任股东仅就其出资额为限对公司债务负责任的公司形式。两合公司是将无限公司与有限公司这两种性质的公司结合在一起的一种公司，这样既有负无限责任的股东取得外界信任，又可以吸收有限责任股东以扩大公司的资金，有利于企业的经营。

4. 公营企业

公营企业是指由政府举办的企业，是各国政府直接或间接控制经营的企业，是现阶段普遍存在的一种经济成分。公营企业只受产权关系约束，而不受行政关系管辖，并由拥有所有权的那一级政府全权负责。作为现代社会化大生产的一种组织经营形式，公营企业无论在发达国家还是在发展中国家都占据着重要地位。

欧洲共同体在1980年的法规指南中明确地将各个国家都存在的公营企业即政府企业界定为：政府当局可以凭借它对企业的所有权、控股权或管理条例，对其施加直接或间接支配性影响的企业，而政府包括中央政府和地方政府。

公营企业由政府拥有，政府一般会把企业交给政府部门或其他机构来管理。一般来说，公营企业主要的经营目的不是赚取利润，而是为公众提供必须的物品。但有些公营企业会以商业原则运作。由于公营企业的经营目的并非牟利，一旦它出现亏损，政府便需要提供资助。其生产规模较大，多是该行业中唯一的厂商。

三、现代股份公司的治理结构

1. 公司治理结构的含义

在公司制度创立初期，许多公司的业主都是一身二任的，既是大股东又是高层管理人员。随着公司制的发展，所有权与控制权分离。现代股份公司通常是由中高层经理人员经营管理的。在这种所有权和控制权分离的条件下，经营管理者掌握很大的经营决策权，而且常常与企业的股东有着不同的目标，这就需要在两者之间建立一定的制衡关系，由此产生的经营管理方法就是公司治理。所谓公司治理结构，是指由所有者、董事会和高级执行人员即高级经理人员三者组成的一种结构。在这种结构中，上述三者之间形成一定的制衡关系。通过这一结构，所有者将自己的资产交由公司董事会托管；公司董事会是公司的最高决策机构，拥有对高级经理人员的聘用、奖惩以及解雇权；高级经理人员受雇于董事会，组成在董事会领导下的执行机构，在董事会的授权范围内经营企业。

2. 股份公司的组织机构

股份公司的组织机构由股东大会、董事会、监事会和高层经理人员组成。股东大会是公司的最高权力机构，由全体股东组成。股东是公司的所有者，他们通过股东大会行使自己的审议权和投票权。

股东大会分为例行年会和特别会议两种。股东大会的例行年会是指公司一年一次必须召开的股东大会，它一般由董事会组织召开，其主要内容是：(1) 讨论和批准公司年度报告、资产负债表、损益表和其他会计报表；(2) 修改公司章程；(3) 决定公司的合并和解散；(4) 讨论和通过董事会关于增减公司资本的建议；(5) 选举公司董事；(6) 讨论和批准董事会提出的股利分配方案。

股东大会特别会议是指在两次年会之间不定期召开的股东会议。它一般用于讨论决定公司的重大决策问题。根据各国公司法和传统做法，股东特别会议可以由董事会召开，或者由持有一定数目股权的股东提议召开，或者由法院命令召开。法院发布命令既可以根据自己的动议，也可以根据任何一个董事或有表决权的股东的申请。股东特别会议的内容，各国在法律上往往予以了明确的规定。

召开股东大会的通知必须采取书面形式，并在开会前送到每个在册的有表决权的股东手里。参加股东大会的股东必须达到法定人数才被视为合法。

对于拥有众多股东的公司来说，不可能靠所有股东的经常集会来执掌所有权，他们需要物色少量能代表自己利益的、有能力的、值得信赖的人员，组成一个小型的机构，将公司的法人财产交由他们托管，这个机构就是董事会。

董事会是公司最高决策和领导机构，是公司的法定代表。董事会是由股东大会选出的，代表全体股东的利益，负责制定或审定公司的战略性决策并检查其执行情况。董事会的主要职责是：(1) 制定公司的经营目标、重大方针和管理原则；(2) 挑选、委托和监督经营管理人员，并掌握经理人员的报酬和奖惩；(3) 协调公司与股东、管理部门与股东之间的关系；(4) 提出盈利分配方案供股东大会审议。

公司执行机构由高层执行官员包括总经理和副总经理等组成。这些高层执行官员即高层经理人员受聘于董事会，在董事会受权范围内拥有对公司事务的管理权和代理权，负责执行公司日常经营事务。执行机构负责人称为首席执行官员（chief executive officer）通常由总经理担任，有时也由董事长担任。一般地说，首席执行官的主要职责是：（1）执行董事会的决议；（2）主持公司的日常业务活动；（3）经董事会授权，对外签订合同或处理业务；（4）任命经理人员；（5）定期向董事会报告业务情况，并提交年度报告。

监事会由股东大会选举产生，对股东大会负责，代表股东大会执行监督职能，与董事会处于平等和相对独立的地位。监事会的权力仅限于监督检查，不能代表公司执行业务。

3. 股东、董事会和经理人员之间的相互制衡

公司治理结构的要旨在于明确划分股东、董事会和经理人员各自的权力、责任和利益，形成三者之间的制衡关系，最终保证公司制度的有效运行。

首先，股东作为所有者掌握最终控制权，他们可以决定董事会人选，并有推选和不推选直至起诉某位董事的权力，但是一旦授权董事会负责公司后，股东就不能随意干预董事会的决策。

其次，董事会作为公司的法人代表全权负责公司的经营，拥有支配公司法人财产的权力并有任命和指挥经理人员的全权，但是董事会必须对股东负责。

最后，经理人员受聘于董事会，作为公司的法定代理人统管企业日常经营事务。在董事会授权范围之内，经理人员有权进行决策，其他人不能随意干涉，但是经理人员的管理权限和代理权限不能超过董事会决定的授权范围，经理人员经营绩效的优劣也要受到董事会的监督和评判。

第二节　企业的成本与收益

一个行为合理的企业，总是根据各种经济约束对企业成本和收益的影响，作出利润最大化的经营决策。因此分析和研究企业的经济行为，首先需要了解企业的成本和收益。

一、企业的成本

企业的成本是随着产量水平的变动而变动的，因此它是企业作出生产决策要考虑的重要因素。成本概念可以从不同的角度进行考察和分析。

1. 显性成本和隐性成本

显性成本是指厂商支付给外部资源所有者的成本，或者说是指厂商在生产

要素市场上购买或租用所需要的生产要素的实际支出。例如，厂商在进行生产时，他需要雇用劳动者，向别的厂商购买机器设备和原材料，向土地所有者租用土地，向银行借取贷款等。厂商向外部生产要素所有者支付的报酬包括支付给员工的工资薪金和对原料、材料、燃料、动力和运输等所支付的费用，以及借入资本所支付的利息。一般成本会计计算出来的成本都是显性成本。

按通行会计办法计入成本的项目有：（1）固定资产（厂房、机器设备）的折旧费；（2）购买原材料、半成品和辅料的支出；（3）购买燃料和动力的支出；（4）外购服务的支出；（5）管理和销售费用；（6）工资及按规定提取的奖金和福利；（7）利息和租金支出。

隐性成本是指厂商使用自己拥有的那部分资源时应该支付的成本，是厂商自己拥有的生产要素的报酬。厂商自己拥有的资源包括厂商在生产过程中参加部分时间的劳动，或动用自己的资金购买机器设备和原材料，使用自己的土地建造厂房和仓库，等等。厂商使用自己拥有的生产要素的报酬包括企业主自己投入的资金的利息、企业主为该厂提供劳务应得的薪金等。会计师不将这些列入利润表的减项。

经济学上谈到的成本，除非特别声明，一般都是指显性成本和隐性成本的总和。

2. 短期成本和长期成本

厂商作出生产多少、如何生产、需要什么投入的决策，还必须考虑时间因素。因此生产有短期和长期之分。在调整生产量时，厂商在短期和长期所面对的限制是不同的。短期和长期虽然是与时间有关的概念，但并不是一个确定的日历时间，而是指一定的条件。长期是指所有生产要素的数量都可以变动的时期。在长期，厂商可以自由地改变任何生产要素的数量来调节生产。长期意味着生产者可以改变工厂的生产规模。短期是指某些生产要素的数量不能变动的时期。在短期，厂商所需要的生产要素，有些是可以改变的，如劳动力、原材料等，而有些是不能改变的，如厂房，机器设备等。前者被称为可变要素，后者被称为不变要素。在短期，只能改变可变生产要素的数量来调节生产量。短期意味着生产者是在既定的生产规模中从事生产活动的。

生产属于长期还是短期不能以时间的长短来界定。在某些只需要简单机械的行业，厂商可能只需数天便可增加机械来提高产量，对于这些行业来说，长期可能只需数天或数十天。可是，对于那些需要量大、昂贵及复杂机械的行业，厂商可能需要几年的时间才可增加机械的数目，长期可能是几年，甚至是十几年。

在短期内厂商从事生产所发生的成本称为短期成本。在长期内厂商从事生产所发生的成本称为长期成本。

3. 短期成本分类

在短期，厂商的成本包括固定成本和变动成本。因此厂商的短期成本有以下七种：总成本（*TC*）、总固定成本（*TFC*）、总变动成本（*TVC*）、平均成本（*AC*）、平均固定成本（*AFC*）、平均变动成本（*AVC*）、边际成本（*MC*）。

总成本（*TC*）是生产某一特定数量产品所付出的成本总额。

短期总成本包括两部分：总固定成本（*TFC*）和总变动成本（*TVC*）。

总固定成本是不随产量变化而变化的成本。如机器设备的折旧费、管理人员的薪金、贷款利息等。总固定成本曲线是一条水平线，它表示在短期内，无论产量如何变化，总固定成本是固定不变的。

总变动成本是随产量变化而变化的成本。例如，生产产品所花费的原材料、劳动力是随产量的增加而增加、随产量的减少而减少的，用在这些项目上的费用就是变动成本。总变动成本曲线是一条由原点出发向右上方倾斜的曲线。当产量为零时，总变动成本也为零。总变动成本随产量的增加而增加。

$$\text{总成本} = \text{总固定成本} + \text{总变动成本}$$

$$TC = TFC + TVC$$

平均成本（*AC*）是平均每单位产量的成本。它等于总成本除以产量的商。短期平均成本等于平均固定成本和平均变动成本之和。

平均成本的计算公式是：

$$\text{平均成本} = \text{总成本}/\text{产量}$$

$$AC(Q) = TC(Q)/Q$$

平均固定成本（*AFC*），是平均每单位产量付出的固定成本。短期内，固定成本保持不变。因此，随着产量的增加，每单位产量分摊到的固定成本持续减少，即平均固定成本趋于下降，平均固定成本曲线是向右下方倾斜的曲线。

平均变动成本（*AVC*），是平均每单位产量付出的变动成本。平均变动成本曲线是U形曲线。

平均成本曲线也是一条U形曲线。一开始，平均成本是下降的，因为随着产量的增加，单位产品中包含的固定成本减少，而变动成本不变。但是，当产量增加到一定限度时，单位产品所包含的变动成本开始上升，当增加一单位产量所增加的变动成本大于单位产品中分摊的固定成本的减少量时，平均成本就由下降转为上升。

边际成本（MC）是增加或减少一单位产量所导致的总成本的变化。如果以ΔQ表示产量的增量，以ΔTC表示总成本的增量，那么$MC(Q)=\Delta TC(Q)/\Delta Q$。边际成本也是一条U形曲线。

平均变动成本曲线、平均总成本曲线和边际成本曲线都呈现出U形的特征。它们表示：随着产量的增加，平均变动成本、平均总成本和边际成本都是先递减，各自达到本身的最低点后再递增。

表5-1　短期成本

某商品产量（Q）	总固定成本（TFC）	总变动成本（TVC）	总成本（TC）	平均固定成本（AFC）	平均变动成本（AVC）	平均成本（AC）	边际成本（MC）
0	100	0	100				
1	100	90	190	100.00	90.00	190.00	90
2	100	170	270	50.00	85.00	135.00	80
3	100	239.99	339.99	33.33	80.00	113.33	69.99
4	100	300	400	25.00	75.00	100.00	60.01
5	100	370	470	20.00	74.00	94.00	70
6	100	450.22	550.02	16.67	75.00	91.67	80.02

边际成本和平均成本之间的关系：只要边际成本小于平均成本，平均成本就下降；只要边际成本大于平均成本，平均成本就上升。边际成本曲线一定在平均成本曲线的最低点与它相交。如图5-1所示。

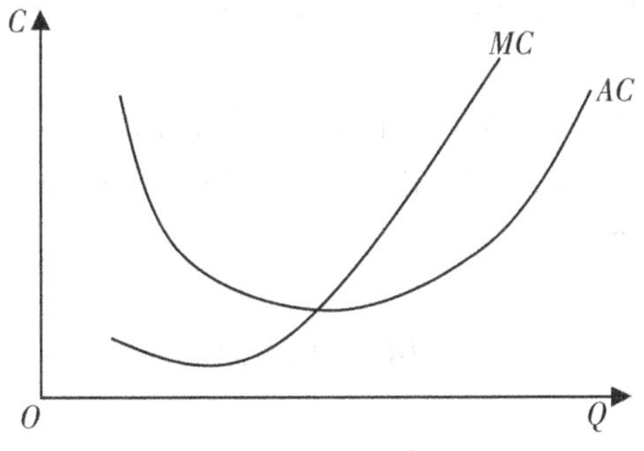

图5-1　平均成本和边际成本的关系

为了说明原因，我们可以举一个例子。平均成本就像一支篮球队所有队员的平均身高，边际成本像将要增加的一个篮球队员的身高。如果新增加的一个篮球队员的身高小于篮球队的平均身高，篮球队的平均身高就下降。如果新增加的一个篮球队员的身高大于篮球队的平均身高，篮球队的平均身高就上升。在数学上，边际量大于平均量，则平均量上升；边际量小于平均量，则平均量减少。

平均成本最低点在竞争企业分析中起着关键作用。在短期中，当企业规模既定时，如果它的产量在平均成本的最低点上，在经济上就是有效率的。或者说在短期内，一个追求成本最小化的企业应当使其产出位于平均成本和边际成本相等的水平。

二、企业的收益

收益是厂商出售产品所得到的收入。收益中既包括了成本也包括了利润。厂商的收益可以分为总收益、平均收益和边际收益。

所谓总收益（TR）是指厂商按一定价格出售一定数量产品时所得到的全部收入，它等于销售商品的价格与商品销售量的乘积。如果用 P 表示商品的价格，Q 表示销售商品的数量，则

$$TR = P \cdot Q$$

平均收益是厂商平均出售每单位产品得到的收入，就是产品的价格。用 AR 表示平均收益，TR 表示总收益，Q 表示产量，则：

$$AR = TR/Q = P \qquad TR = P \cdot Q = AR \cdot Q$$

边际收益是厂商增加或减少一单位产量所带来的总收益的变化。边际收益既可以为正，也可以为负。如果用 MR 表示边际收益，ΔTR 表示总收益增量，ΔQ 表示产量增量，则：

$$MR = \Delta TR/\Delta Q$$

表5－2 中列出了边际收益的数值。MR 是由两个相邻产量的总收益相减而来的。从出售 $Q+1$ 个单位而得到的 TR 中减去出售 Q 单位而得到的 TR，就是

边际收益的值。边际收益为负值，表示为了出售更多的产品，企业必须将价格降到很低的程度，以至于它的总收益下降。

表 5-2　总收益和边际收益

数量（Q）	价格（$P=AR$）	总收益（TR）	边际收益（MR）
0	20	0	20
1	18	18	18
2	16	32	14
3	14	42	10
4	12	48	6
5	10	50	2
6	8	48	-2

三、企业的短期最佳产量决定

企业从事生产经营活动的目标是以尽可能少的成本获取尽可能多的利润，利润等于总收益减总成本。在市场需求和生产费用既定的条件下，企业必须确定一个能够获取最大利润的产量。

那么厂商如何确定利润最大化的产量呢？厂商在决定提供多少产量时，他总是比较出售一单位商品所得到的收益和生产这一单位商品所付出的成本，也就是比较边际收益和边际成本。只要增加产量所带来的边际收益大于边际成本，厂商的利润就会增加。因而该厂商会继续增加产量，以扩大利润总量。如果在某一产量水平上，厂商的边际收益小于边际成本，即厂商增加一单位产量所带来的收益还不足以弥补生产这个单位产量所付出的成本，利润会减少，厂商就会减少产量。当边际收益等于边际成本时，厂商已不可能再通过增减产量来增加总利润，在这一产量点上，厂商得到的利润最大，实现了厂商的均衡。

因此，厂商获得最大利润的原则是边际收益等于边际成本。用公式可表示为：

$$MR = MC$$

在完全竞争条件下，由于平均收益（价格）和边际收益是一致的，最大利润原则可表述为价格等于边际成本。用公式表示为：

$$P = MC$$

利润最大化原则的数学推导

利润等于总收益减总成本，即 $\pi = TR - TC$。式中，π 为利润。由于 TR 和 TC 都是 Q 的函数，所以利润 π 也是 Q 的函数。现在的问题转化为如何求解 π 的最大值。我们就上面的利润函数对产量 Q 求一阶导数，并令该导数的值等于零，可以得到利润最大化的必要条件为：

$$\frac{d\pi}{dQ} = \frac{dTR}{dQ} - \frac{dTC}{dQ} = MR - MC = 0$$

$$\text{即 } MR = MC$$

dTR/dQ 是企业的边际收益（MR），它是企业每增加一单位产品的销售量所引起的总收入的增加值，dTC/dQ 是企业的边际成本（MC），它是企业每增加一单位产品的生产所引起的总成本的增加量。故企业利润最大化的必要条件为：$MR = MC$。

利润最大化原则还可以借助图形说明。

假定市场价格恒定，则 $MR = AR$，均为水平线，MC 曲线呈 U 形，两线交点 E 为厂商利润最大化的均衡点。

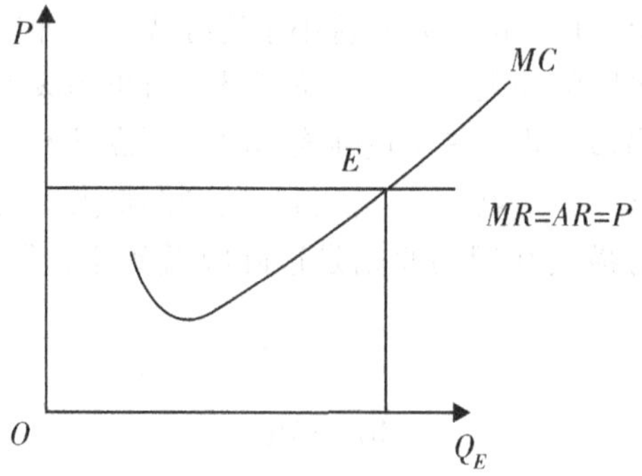

图 5－2　利润最大化

图5－2中，E点满足$MR=MC$。在E点的左边，MR大于MC，表示增加单位产量可使增加的收益大于增加的成本，从而增加厂商的利润，厂商将扩大产量，使利润进一步增加。而在E点的右边，MR小于MC，此时增加单位产量使得成本的增加大于收益的增加，利润下降，厂商会减少产量。只有在E点，才是利润最大化的均衡点。

想一想：

为什么厂商在价格高于边际成本时，没有得到最大利润？

这里需要指出的是，边际成本等于边际收益只是企业决定其最大利润产量的必要条件，而并不表明企业是否有利润。在边际收益等于边际成本的情况下企业也可能没有利润甚至亏损。产品价格与平均成本的大小关系才是判定企业是否有利润的条件。

以上关于企业利润最大化的产量决策原则，是以不存在任何形式的数量约束为条件的。但无论产品需求方面的数量约束，还是生产要素供给方面的数量约束，都有可能使企业产量偏离根据边际收益等于边际成本原则定出的最佳产量。

四、企业长期最佳规模决策

在长期中，企业可以根据产量的要求调整全部生产要素的投入量，一切生产要素都是可变动的。所以长期成本中没有固定成本和变动成本之分，只有总成本、平均成本与边际成本之分。

1. 长期总成本和长期平均成本

厂商在长期中对全部生产要素投入量的调整意味着对企业生产规模的调整。也就是说，从长期看，厂商总是可以在每一个商品产量上选择最优的生产规模进行生产。

长期总成本（LTC）是厂商在长期中在每一个产量水平上通过改变生产规模所能达到的最低成本。它是调整全部生产要素时，生产一定数量的产品所消耗的成本，是当一个企业用经济上最有效率的规模进行生产时的生产成本。

长期平均成本（LAC）是厂商在长期内按产量平均计算的最低总成本。长期平均成本函数可写为：

$$LAC(Q)=\frac{LTC(Q)}{Q}$$

长期生产与短期生产有着密切的关系，长期生产的决策是基于每一相应短期生产的决策选择。从长期看，企业总是可以根据不同产量调整生产规模，从而找到生产某一产量的最低平均成本。由于在长期内可供厂商选择的规模是很多的，在理论分析中，可以假定生产规模可以无限细分，从而可以有无数条短期平均成本（*SAC*）曲线，于是便可得到长期平均成本（*LAC*）曲线。

长期平均成本曲线是短期平均成本曲线的包络线，表示长期中随着企业的扩张，每个产量水平所对应的最低平均成本。

短期平均成本曲线与长期平均成本曲线的关系，可用表 5－3 和图 5－3 来说明。

表 5－3 分别列出了三种不同生产规模的短期平均成本状况，其中 *a* 规模最小，*b* 规模其次，*c* 规模最大。

表 5－3　不同规模的企业与短期成本的关系

规模	劳动量	产量	固定总成本	可变总成本	总成本	平均成本
a 规模：资本为 1 单位（25）	1	4	25	25	50	12.50
	2	10	25	50	75	7.50
	3	13	25	75	100	7.69
	4	15	25	100	125	8.33
	5	16	25	125	150	9.38
b 规模：资本为 2 单位（50）	1	10	50	25	75	7.50
	2	15	50	50	100	6.67
	3	18	50	75	125	6.94
	4	20	50	100	150	7.50
	5	21	50	125	175	8.33
c 规模：资本为 4 单位（100）	1	15	100	25	125	8.33
	2	21	100	50	150	7.14
	3	24	100	75	175	7.29
	4	26	100	100	200	7.69
	5	27	100	125	225	8.33

我们可以根据表 5－3 作出三种企业规模时的平均成本曲线图，如图 5－3 所示。

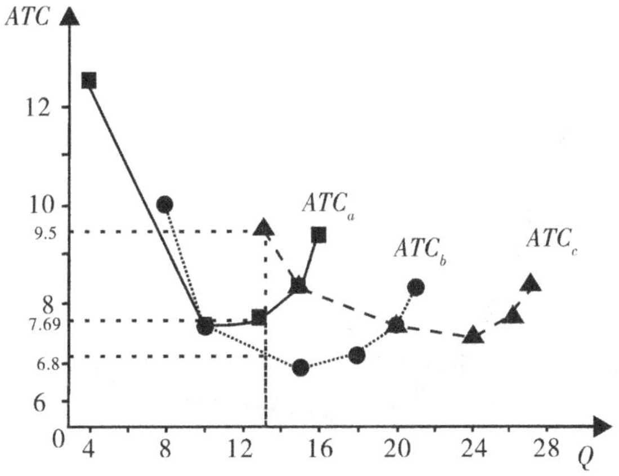

图5－3 不同规模企业平均成本曲线

图5－3中横轴Q代表产量，纵轴ATC代表平均总成本，ATC_a、ATC_b、ATC_c分别是企业规模为a、b、c时的短期平均总成本曲线，它们都是U形曲线。在长期中企业总是可以在每一产量水平上找到相应的最优生产规模进行生产，而在短期内厂商做不到这一点。例如，企业规模为a时，平均总成本曲线为ATC_a。假定厂商短期内只能以a规模生产13单位的产量，其平均总成本为7.69。但长期内该厂商可以选择b规模生产13单位的产量。如果用b规模，则平均总成本曲线为ATC_b，平均总成本为6.8。当然厂商也可以用c规模生产出13单位产量。但如果用c规模，则平均总成本曲线为ATC_c，平均总成本为9.5。显然，这三种规模中，b规模生产13单位产量时经济效率最高，也就是平均成本最低。因此，依据表5－3和图5－3，生产13单位产量时的长期平均成本是6.8。

长期平均成本（LAC）曲线表明了当资本和劳动都可以变动时可以达到的最低平均总成本与产量之间的关系，如图5－4所示。

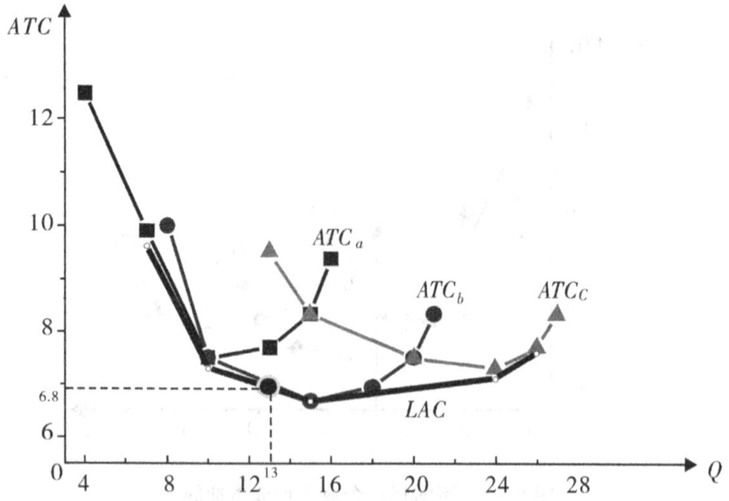

图 5-4　短期与长期的平均总成本

图 5-4 中，长期平均成本曲线是从图 5-3 中直接得出来的。把在每一产量水平上平均总成本最低的那一部分连在一起就组成了长期平均成本曲线。这条曲线表明，在长期中企业如何调整生产规模，以使成本最低。

想一想：

图 5-4 中，产量为 10 时，企业应选择哪一种规模呢？

2. 企业适度规模的衡量

如果产品有销路，在短期厂商就会在既有的生产规模基础上，增加变动要素的投入，使产量增加。在短期，生产规模是不变动的；在长期，厂商有足够的时间扩大生产规模以增加产量。如果短期产量的增加不能满足市场需求，那么厂商就会考虑扩大生产规模。这意味着厂商不仅要增加劳动、原辅材料等生产要素的投入，还要考虑增加机器、设备等要素的投入。

在企业规模扩大的过程中，长期平均成本是如何随着经营规模的变化而变化的呢？长期平均成本的变化有三种情况：

（1）产出增加的比例大于投入增加的比例时，长期平均成本随产量的增加而减少，规模收益递增，存在规模经济。

（2）产出增加的比例等于投入增加的比例时，长期平均成本不随产量的变动而变动，规模收益不变。

（3）产出增加的比例小于投入增加的比例时，长期平均成本随产量的增加而增加，规模收益递减，存在规模不经济。

根据学者们的研究，长期平均成本曲线的变化有三种情况，即存在着三种形状的长期平均成本曲线：U 形长期平均成本曲线、L 形长期平均成本曲线和槽形长期平均成本曲线。

U 形长期平均成本曲线。在 U 形长期平均成本曲线中，规模的变化所带来的平均成本的变化分为三个阶段。这就是：随着规模的增大，在最初阶段平均成本急剧下降，继而下降趋缓并在某一产量水平上达到最低点，当产量继续增加时，平均成本呈上升趋势。

在 U 形长期平均成本曲线里，只有一个产出规模能使单位平均生产成本达到最低点，这个成本最低点，叫做最佳规模点。也就是说只有在长期平均曲线的最低点才是唯一的最佳生产规模，如图 5－5（a）所示。

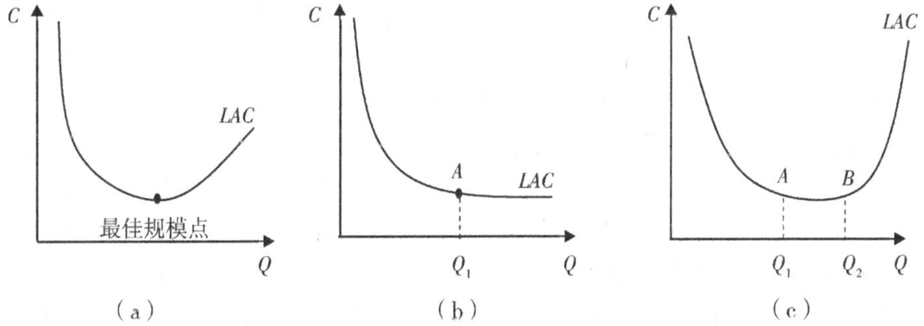

图 5－5　长期平均成本曲线（a）**U 形；**（b）**L 形；**（c）**槽形**

L 形长期平均成本曲线如图 5－5（b）所示。在达到产量 Q_1 以前存在规模收益递增；在产量 Q_1 以后不论产量增加多少，平均成本既不再显著降低也并不大幅度升高，长期平均成本曲线近似水平线，与横轴平行。在 L 形长期平均成本曲线中，平均成本不再随着规模扩大而降低的点，叫做最小有效规模点（图 5－5（b）中的 *A* 点）。在产量 Q_1 以后，都是最佳的生产规模。

槽形的长期平均成本曲线如图 5－5（c）所示。在到达产量 Q_1 以前，存在规模收益递增；在达到产量 Q_1 到 Q_2 之间，规模收益不变；在产量超过 Q_2 之后又变为规模收益递减。所以 *LAC* 曲线呈槽形。在图 5－5（c）所示的槽形的长期平均成本曲线上，长期平均成本下降到 *A* 点为止，在 *AB* 之间处于最低水平，*B* 点以后则上升。*A* 点所在的规模称为最小最佳规模，*B* 点所在的规模称为最大最佳规模。企业规模处于该“区间”内任何一点都是适度的。

L 形与槽形的 *LAC* 曲线说明厂商的最佳规模不是单一的，这样的行业竞争比较激烈。

3. 规模经济和规模不经济

规模经济（economics of scale）是指生产规模扩大而导致单位产品成本的降低。它是实现社会资源有效利用，提高经济效率的重要手段和途径。规模经济有规模内部经济和规模外部经济之分。规模内部经济是指一个生产单位的规模扩大时从自身内部所引起的平均成本的降低与收益的增加。如一个生产单位的规模扩大时，其内部生产方式可能发生如下变化：劳动分工更加精细，生产更加专业化；管理人员在全部人员中占有更小的比例；用大型高效的生产设备代替小型的低效率的生产设备等。这些生产单位内部自身的变化必然会使生产效率提高，平均成本降低，收益提高。规模外部经济是指整个行业规模的扩大和产量的扩大使得个别厂商平均成本下降或收益增加。当一个行业拥有众多厂商时，只要这个行业的规模和产量发生变化，必然引起与企业有关的某些外部条件的改变。尽管个别企业的生产方式没有任何变化，但有关外部条件的变化会直接影响企业的生产成本和收益。如果这些外部条件的变化使个别厂商的平均成本下降或收益增加，这种现象就是规模外部经济。

规模外部经济和规模内部经济都会改变厂商的成本，但是他们的前提条件和影响方式又是完全不同的。规模外部经济的前提条件是行业规模的扩大，而规模内部经济的前提条件是厂商本身规模的扩大。规模外部经济是行业中其他方面的便利因素（如市场规模扩大、资源供给充足、运输方便等）为个别厂商提供了效益，规模内部经济则是经营的个别企业内部因素的变化所致。通常意义上的规模经济主要是指规模内部经济。

理解规模经济的成因，才能自觉利用规模经济。规模经济的主要成因有以下几个方面：

第一，分工和专业化协作的经济性。企业规模的扩大，为企业内部发展专业化分工和协作提供了条件，而分工和协作可以提高生产者的操作效率，减少物化劳动和活劳动的耗费，提高经济效率。

第二，采用大型、高效和专用设备的经济性。企业规模大就能得益于采用大型高效的专用设备。任何生产设备都在加工对象达到相当数量时才有可能进行生产，不能想象几千立方米容积的高炉仅为生产几吨钢铁而开动。采用大型、高效和专用设备进行大批量运作的结果无疑是降低成本。

第三，标准化和简单化的经济性。大规模企业所采用的大批量生产方式有利于实行标准化和简单化操作，从而有利于增加产量，提高产品质量，降低成本。同时这也使企业采用大型、专用机械设备和高效流水作业方式成为可能。这些都能提高经济效率。

第四，大批量采购和销售的经济性。大企业一次性大批量采购原材料、零部件等生产要素，可以比多次小批量进货节省交易费用，还可以享受较大的批量折扣；而大规模的产品销售则有利于提高广告等促销活动的经济效果，降低产品的促销费用；同时只有大规模的产品销售，才有利于在各地设立企业的销售服务中心，以提高产品的销售效率，更好地满足顾客需要。

第五，大批量运输的经济性。企业市场范围的扩大有利于降低单位运输成本。此外，大批量运输还有利于取得整车运输的经济性。

第六，大规模管理的经济性。企业规模的扩大，为经营管理人员和技术人员专业化创造了条件，他们通过合理分工，各司其职，使其特长得到充分发挥，从而有利于提高企业经营管理的整体水平。同时企业规模的扩大有利于使用现代化办公自动化设备，增强信息处理能力，从而提高企业管理效率。

第七，金融上的经济性。大企业因为有较雄厚的资本，银行贷款的风险较小，所以能向大银行以较优惠的条件借贷，平均成本因而降低。此外，这些企业还可以从多种集资途径中选择最佳的组合来帮助降低成本。

在以上分析的规模经济的成因中，既有生产技术方面的因素，它们有利于降低生产成本；也有交易方面的因素，它们有利于降低交易成本。可见，规模经济利用的就是从生产和交易这两条途径降低企业的总成本，从而提高经济效率。

规模不经济（diseconomics of scale）是指生产规模扩大而导致单位产品成本提高。一般以边际成本和平均成本的关系来区别规模经济和规模不经济：如果边际成本小于平均成本，则存在规模经济；反之，若边际成本大于平均成本，则存在规模不经济。

规模不经济的成因。在企业生产规模超过一定限度后，继续扩大生产便会产生种种不利，使同样产品的单位成本比原来生产规模较小时有所提高。例如，生产规模过大会带来管理上的困难，问题多而复杂化，效率降低；规模的扩大要求设置更多的管理机构，增添更多的管理人员，生产现场人员相对减少；过大的原材料需求，会使市场需求曲线移动，导致购买价格上涨等。

正是规模经济和规模不经济的作用，决定了长期平均成本曲线呈现出先下降后上升的 U 形特征。

4. 企业长期最佳规模决策

既然企业在长期可以调整生产规模，那么任何企业都有一个选择适度规模的问题。从理论上说，企业要提高经济效率，就必须充分获得规模经济效益，避免规模不经济。因此对企业来说最佳的选择是，将规模扩大到使平均成本达到其最低点。

除了平均成本之外，企业在决定其长期规模时，还要考虑市场对其产品的长期需求状况，即规模的选择还要考虑市场需求的约束。一个慎重的企业要对未来市场的需求作出科学预测后，才能确定其发展规模。

第三节　企业生产要素的组合

如何把用于生产的各种要素组合起来，使之具有较高的技术效能和经济效能，直接影响到企业的成本和收益，决定了企业的利润水平和竞争力。因此企业在组织生产时，必须分析比较各种要素组合方式，力求实现要素的最佳组合。这里我们主要分析在技术系数可以变动，即两种生产要素可以相互替代的情况下，它们按什么比例组合是最好的。

我们的基本思路是，假定此时的生产函数为 $Q=f(L, K)$，那么最佳要素组合的选择可以归纳为以下两个问题：

(1) 在产量既定的前提下，选择最佳的要素组合以使成本最小；

(2) 在预算（成本）既定的前提下，选择最佳的要素组合以使产量最大。

为了解决这两个问题，我们首先引入两个分析工具：等产量线和等成本线。

一、等产量线

1. 生产函数

生产过程中生产要素的投入量和产品的产出量之间的关系，可以用生产函数来表示。生产函数表示在一定时期内，在技术水平不变的情况下，生产中所使用的各种要素的数量与所能生产的最大产量之间的关系。如果用 X_1，X_2，…，X_n 表示第一、第二、…第 n 种生产要素的投入量，用 Q 表示某种商品的最大产出量，那么，这种商品的生产函数是：

$$Q=f(X_1, X_2, \cdots, X_n)$$

在经济学的分析中，为了简化分析，通常假定生产中只使用劳动和资本这两种生产要素。若以 L 代表劳动投入数量，以 K 代表资本投入数量，则生产函数可写为：

$$Q=f(L, K)$$

关于生产函数的概念应注意两个问题：

第一，生产函数取决于技术水平。如果技术水平提高了，同样的生产要素投入量可以生产出更多的产品，生产函数将随之改变。

第二，要生产一定数量的商品，生产要素投入量的比例通常是可以变动的。例如机器和劳动数量的比例发生变化后，仍能生产出同样数量的产品。

2. 等产量线的含义

我们可以给等产量线下这样一个定义：在技术水平不变的条件下，生产同一产量的两种生产要素投入量的所有不同组合的轨迹。等产量线上的点所表示的生产要素组合可以生产出同样的产量。

在一定技术条件下，对于某生产者来说，如果两种生产要素是可以相互替代并无限可分的，则生产者可以通过生产要素的不同组合来生产相同的产量。等产量线反映了生产要素的投入量和产出量之间的依存关系及生产要素之间的相互替代关系。

如表 5－4 所示，假定某生产者从劳动和资本的四种不同组合中，能生产出相同的产量。据此表，在平面坐标图中，由横轴表示劳动 L 的数量，纵轴表示资本 K 的数量，把不同组合方式的各点连接起来，便得到一条等产量线 Q，如图 5－6 所示。在 Q 线上的任意一点，所代表的劳动和资本的组合，能使生产者得到相同的产量。

表 5－4　等产量表

组合方式	劳动 L	资本 K	产量 Q
A	1	5.5	200
B	2	3	200
C	3	2	200
D	5.5	1	200

3. 等产量线的特征

第一，在同一平面图上，可以有无数条等产量线。同一等产量线代表相同的产量，不同的等产量线代表不同的产量水平。离原点越远的等产量线所代表的产量水平越高，离原点越近的等产量线所代表的产量水平越低。

第二，在同一平面图上，任意两条等产量线不能相交。因为在交点上两条等产量线代表了相同的产量水平，与第一个特征相矛盾。

第三，等产量线是一条凸向原点的曲线。

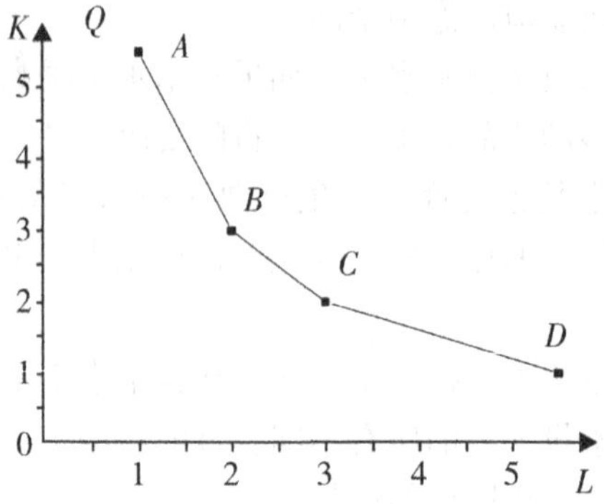

图 5－6　等产量线

第四，等产量线是一条向右下方倾斜的线，其斜率为负值。这表明在生产者的资源与生产要素的价格既定的条件下，为了达到相同的产量，在增加一种生产要素时，必须减少另一种生产要素。

二、等成本线

等成本线是在既定的成本和既定的生产要素价格条件下，生产者可以购买到的两种生产要素的各种不同数量组合的轨迹。假定要素市场上既定的劳动价格即工资率为 w，既定的资本品的价格为 r，厂商既定的成本支出为 C，则成本方程为：

$$C = wL + rK$$

由成本方程可得：

$$K = -\frac{w}{r}L + \frac{C}{r}$$

据上式可以得到等成本线。

例如，假定生产要素 L 和 K 的价格分别为 60 美元和 30 美元，成本为 210 美元，那么利用这一定量的成本可以购买如表 5－5 所示的生产要素组合。把等成本表在图像上反映出来，便可以得到图 5－7 中的等成本线 IL。

在图 5－7 中，等成本线以内区域中的任何一点，如 A 点，表示既定的成本全部用来购买该点的劳动和生产要素的组合以后还有剩余。等成本线以外的区域中的任何一点，如 B 点，表示既定的全部成本购买该点的劳动和资本的组合是不够的。唯有等成本线上的任何一点，才表示既定的全部成本能刚好购买到的劳动和资本的组合。

表 5－5　等成本表

投入组合	生产要素 L	生产要素 K
A	3.5	0
B	2.5	2
C	1.5	4
D	0.5	6
E	0	7

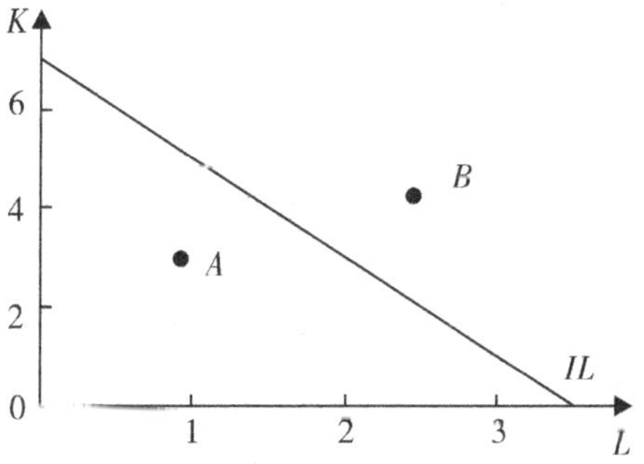

图 5－7　等成本线

在成本和生产要素价格一定的条件下，就有一定的等成本线。任何关于成本和生产要素价格的变动，都会使等成本线发生变动。在生产要素价格不变的条件下，如果厂商的生产支出或成本增加了，等成本线将向右上方移动。如果厂商的生产支出或成本减少了，等成本线将向左下方移动。在成本不变的条件下，如果生产要素的相对价格发生变化，则等成本线将会向右或向左旋转。

三、最佳要素组合

利用等产量线和等成本线，可以求得最佳生产要素的组合。最佳生产要素组合是为生产一定产量产品而投入的各种可以相互替代的生产要素组合中成本最低的组合。

1. 成本既定下产量最大的要素组合

假定在一定的技术条件下企业生产需要资本和劳动两种生产要素，资本和劳动价格均已知，企业的总支出规模也已知，企业有一条既定的等成本线。如果企业想在既定的成本下使产量最大化，那么它应该选择什么样的资本与劳动组合呢？结论是：只有在由企业现有生产技术决定的等产量线与等成本线的切点处才是要素投入的最佳点。

图 5 - 8 中，以一定的总成本能够生产的最大产量，就是与既定等成本线相切的等产量线所代表的产量 Q_2。Q_1 与等成本线既不相交，也不相切，既定成本下无法达到这个产量。Q_3 与等成本线相交于 A、B 两点，虽然这两点所代表的成本支出与既定总成本相等，但 $Q_3 < Q_2$，不是最大产量，因此，企业在 A 点和 B 点组织生产是不经济的。显然，企业的最优选择是在 Q_2 与既定等成本线的切点 E 点进行生产。E 点是实现既定成本条件下的最大产量的要素组合。任何更高的产量在既定成本条件下都是无法实现的，任何更低的产量都是低效率的。

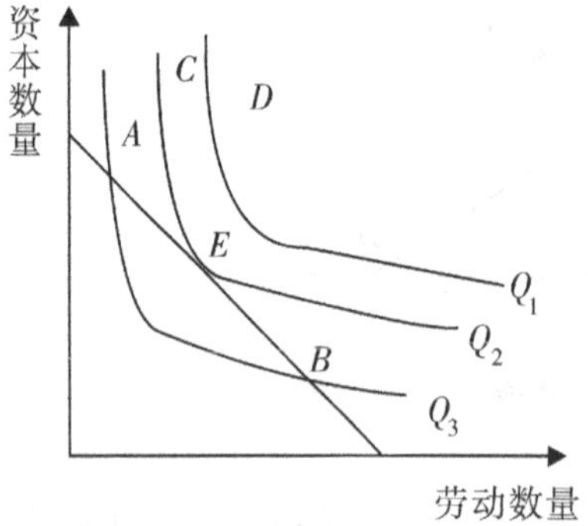

图 5 - 8　成本既定产量最大的要素组合

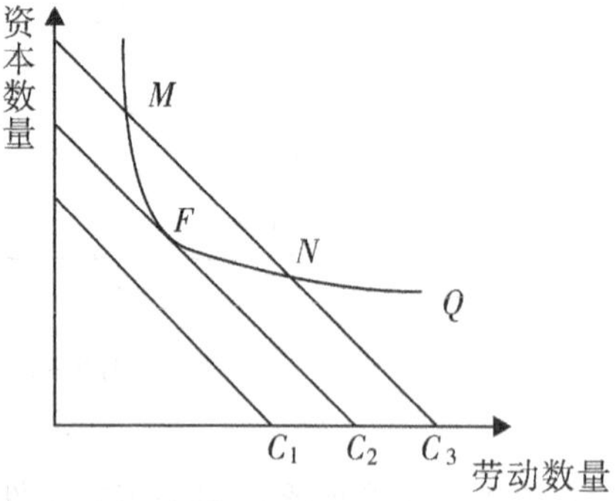

图 5 - 9　产量既定成本最小的要素组合

2. 产量既定下成本最小的要素组合

与成本既定产量最大原理一样，企业产量既定下成本最小的投入要素组合，是既定的等产量线与某一条等成本线的切点所代表的要素组合，见图 5 - 9 中 F 点的组合。

在图 5 - 9 中，由于要素价格既定，可以有许多条斜率相等的等成本线，如 C_1、C_2、C_3 这三条。这三条等成本线代表三种不同的成本量，其中 $C_3 > C_2 > C_1$。等成本线 C_1 虽然代表的成本最低，但它与既定的产量曲线 Q 既无交点又无切点，无法实现产量曲线 Q 所代表的产量。等成本线 C_3 虽然与既定产量 Q 相交于 M、N 两点，在 M、N 处可以达到既定产量 Q，但成本过高。而在

C_2与 Q 的切点 F 处，既可达到既定产量水平，又是唯一达到这一既定产量的最小成本。

最佳生产要素组合，作为对生产经营活动的数量分析法，对研究资源最佳配置，提高经济效益，有直接的借鉴意义。

3. 要素最优组合的条件

根据以上分析，我们得出实现最大产量与最小成本的条件是相同的，即等产量线和等成本线相切。满足了这个条件，生产要素的组合就达到了最优的状态。在均衡点上，两条曲线的斜率相等，用公式表示就是：

$$\frac{P_L}{P_K}=\frac{MP_L}{MP_K} \qquad \frac{MP_L}{P_L}=\frac{MP_K}{P_K}$$

其中 MP_L表示劳动的边际产量，是增加一单位劳动投入量所增加的产量。MP_K表示资本的边际产量，是增加一单位资本投入量所增加的产量。

以上公式用文字表示为：

$$\frac{\text{劳动的边际产量}}{\text{劳动的价格}}=\frac{\text{资本的边际产量}}{\text{资本的价格}}$$

这意味着企业的每一单位成本无论用来购买劳动还是资本，获得的边际产量都相等。如果上式的右端大于左端，那么意味着企业的每一单位成本用来购买资本所获得的边际产量大于购买劳动所获得的边际产量，显然，这时如果企业用资本代替劳动能够使成本下降。相反，如果上式的左端大于右端，那么企业的每一单位成本用来购买劳动获得的边际产量大于购买资本所获得的边际产量，这时企业用劳动来代替资本。而在上式两端相等的条件下，无论用劳动代替资本还是用资本代替劳动都不可能使成本减少。

综上所述，厂商实现既定成本条件下的最大产量，或实现既定产量条件下的最小成本的最优生产要素的组合条件是：两种生产要素的边际实物产量分别与各自的价格之比相等。

本章小结

本章主要介绍三种企业制度形式，并从短期最佳产量决定、长期最佳规模决策和生产要素最佳组合三个方面分析了企业的生产行为。

市场经济在其数百年的孕育和发展中，逐步形成了三种基本的企业制度，即个人业主制企业、合伙制企业和公司制企业。在现代市场经济中，公司制企业虽然不是最多的，但它们却占据着主导地位。有限责任公司和股份有限公司是公司制企业最重要的两种形式。

企业的成本是随着产量水平的变动而变动的，因此它是企业作出生产决策要考虑的重要因素。成本概念可以从不同的角度进行考察和分析，主要有显性成本与隐性成本、短期成本与长期成本、总成本、边际成本和平均成本的划分。收益是厂商出售产品所得到的收入。收益中既包括了成本也包括了利润。收益可以分为总收益、平均收益和边际收益。

边际收益等于边际成本是企业利润最大化的原则，也是决定企业短期最佳产量的原则。长期平均成本是企业最佳规模衡量器，企业长期最佳规模决策是将规模扩大到使长期平均成本达到最低点。企业最佳的生产要素组合是，在产量一定时，能够使支付在各种生产要素上的成本最小，或者在成本一定的条件下，可以使产量最大的组合。等产量线和等成本线相切之点就是要素投入的最优组合点。

本章主要概念

企业；个人业主制企业；合伙制企业；公司制企业；股份有限公司；有限责任公司；公司治理结构；平均成本；边际成本；隐性成本；显性成本；短期；长期；固定成本；变动成本；平均收益；边际收益；规模经济；规模不经济；等产量线；等成本线

思考题

（1）什么是企业？它有什么特征？

（2）什么是个人业主制企业和合伙制企业？它们各有什么特征？

（3）为什么边际收益等于边际成本是企业利润最大化的原则？

（4）规模经济的成因是什么？

（5）利用图示说明厂商在既定成本条件下是如何实现最大产量的最优组合的。

（6）利用图示说明厂商在既定产量条件下是如何实现最小成本的最优组合的。

参考文献

［1］曼昆：《经济学原理》，北京大学出版社 1999 年版。

[2] 刘世锦、江小涓等:《现代企业制度原理与实务》，广东人民出版社1994年版。

[3] 吴树青:《政治经济学》，高等教育出版社2005年版。

[4] 史正富:《现代企业中的劳动和价值》，上海人民出版社2002年版。

[5] 胡春田等:《经济学概论》，北京大学出版社2006年版。

第六章　市场体系和市场结构

在市场经济中，市场对资源配置起着基础性的作用，是社会经济运行的中心。本章主要考察市场体系的构成和特点及四种类型市场结构的特点，以揭示市场运行的规律，充分发挥市场机制的作用。

第一节　市场体系

一、市场类型的划分

市场类型，一般指交易主体和交易客体具有共同特征的市场种类。市场作为一个有机整体，是由许多不同类型的具体市场构成的。

市场可以按不同标准进行划分，主要有以下几种：

（1）按交易对象划分，市场可分为消费品市场、生产资料市场、房地产市场、金融市场、劳动力市场、技术市场和信息市场等。

（2）按交易的空间范围划分，市场可分为区域性市场、全国性市场和国际市场。区域性市场是商品交易以某一地区为活动空间的市场。全国性市场是商品交易以全国为活动空间的市场。国际市场是商品交易以全世界范围为活动空间的市场。全国性市场可划分为沿海市场与内地市场以及民族边疆市场，城镇市场和乡村市场等。国际市场可划分为欧美市场、亚洲市场、非洲市场和大洋洲市场等。

（3）按竞争程度划分，市场可分为完全竞争市场、垄断竞争市场、寡头垄断市场和完全垄断市场。

（4）按市场供求关系划分，市场可划分为买方市场、卖方市场和均衡市场。供给大于需求的称为买方市场，供给小于需求的称为卖方市场，供给等于需求的称为均衡市场。

（5）按交易活动所经历的时间长短和交易方式划分，市场可分为现货市场和期货市场。现货市场即现货交易市场，是买卖成交后，当场或几天之内即办理交割清算、钱货两清的市场。期货市场是指在商品交易所内进行期货交易的市场。期货交易的对象不是商品实体，而是商品标准化合约。期货市场具有三个基本要素，即标准化的合约、保证金制度、大规模集中的信息。

二、市场体系的构成

市场是随着商品交换活动而产生并随着商品交换关系的扩大而发展起来的。随着社会生产力的不断提高和社会的不断进步，商品交换关系也发展到高级的形式。进入市场交换的不仅有劳动产品，还有劳动力和资本等生产要素，交换活动由短期交易市场向长期交易市场延伸，由地区市场向全国市场和国际市场扩展，市场获得了全面发展，形成了完整的市场体系。

市场体系是指由多种不同类型而又相互联系、相互制约的市场所组成的有机统一体，或者说它是指相互联系、相互制约的各类市场的总和。市场体系是一个庞大而复杂的系统，它的构成可以从不同的角度进行考察，可根据不同的标准进行划分。其中最主要的是按照交易对象不同而进行的划分。

按交易对象划分，市场体系由商品市场和生产要素市场构成。

1. 商品市场

商品市场包括消费品市场和生产资料市场两个部分。

（1）消费品市场。消费品市场是指直接满足居民生活需要的商品交易场所及其交换关系的总和。消费品市场是市场经济中最基础的市场。消费品包括有形的物质产品和无形的非物质产品，因此，一般可以把消费品市场进一步分为农产品市场、日用工业品市场和劳务市场。

消费品市场的主要特点是：购买者人多面广，需求的差异性大，需求总量和需求结构不断发生变化；购买者每次购买的数量不大，通常为小规模购买和多次性购买，购买具有重复性和经常性；购买者大多数缺乏专门的商品知识，不十分了解商品的性能和使用、保管、维修的方法，消费者的购买行为具有被引导性和被诱导性。所以，消费品适销对路，物价相对稳定，经营灵活，服务周到，应是消费品市场建设的宗旨。

从社会再生产过程看，消费品市场是最终产品市场，它连接着社会最终生产和社会最终消费。它影响着整个社会生产发展的方向，反映着居民物质文化生活需要的满足程度，对社会再生产的顺利进行和国民经济的协调发展起着重要作用。

（2）生产资料市场。生产资料市场是以生产资料为交易对象的市场。生产资料是劳动对象和劳动资料的总和，主要包括机器、厂房、设备、工具、原材料、燃料等再生产的物质要素。按生产资料使用的方向不同，生产资料市场可以划分为工业生产资料市场和农业生产资料市场。

生产资料市场的主要特点表现为：不是为消费而是为生产服务的，交易的对象是中间产品；主要的购买者是生产部门的企业，因而市场相对狭窄，产品销售的针对性很强；每次购买量大，产品的价值相对较高；购买者大多有专门的商品知识，了解不同生产资料的性能和使用方法，对商品规格和品牌有严格的要求；产品需求价格弹性小，供需关系相对稳定，但受宏观经济形势、国家经济政策和技术发展影响较大。

2. 生产要素市场

生产要素市场是指生产过程所需要的各种要素的交换场所和交换关系的总和，主要包括金融市场、房地产市场、劳动力市场、技术市场和信息市场。

(1) 金融市场。金融是指资金的融通，即资金的集聚与流动，包括货币的发行、流通和回笼，存款的吸收和提取，贷款的发放和回收，投资资金的筹集等与货币流通有关的一切活动。金融市场是指货币资金融通关系和有价证券买卖关系的总和。它可以实现社会闲散资金向生产经营性资金的转化，提高资金和社会经济资源的配置和利用效率。

金融市场主要由参与者、金融工具和组织方式三个基本要素组成。金融市场的参与者主要由政府、中央银行、商业银行和非银行性金融机构、企业和居民组成。金融工具也称为信用工具，是在金融市场上进行交易的工具。金融工具种类繁多，如果以投资人是否掌握所投资产的所有权为标准划分，则可分为两类：一是债权债务证明凭证，如债券；一类是所有权凭证，如股票等。金融市场的组织方式是指金融交易所采取的方式，如交易所交易方式、柜台交易方式和网上交易方式等。

金融市场可以按不同的划分标准进行分类：

①按金融工具的形式划分，金融市场可分为借贷市场、债券市场、股票市场、黄金市场和外汇市场等。货币借贷市场主要开展各项短期货币借贷业务活动，如票据承兑、贴现、发放短期贷款等。债券市场负责承载各种债券的运行。股票市场是从事股票发行和交易的市场。黄金市场是从事黄金买卖的市场。外汇市场是专门从事外汇现货和期货交易的市场。

②按金融工具的功能和金融交易的期限划分，金融市场可分为货币市场和资本市场。货币市场即短期资金市场，是融资期限在一年内的短期资金的交易市场。该市场筹集的资金主要用于短期资金的周转，融资期限短、风险小、流动性强，与货币相差无几，往往被作为货币的代用品，所以称作货币市场。资本市场即长期资金市场，是融资期限在一年以上的中长期资金的交易市场。它主要满足工商企业的中长期投资需求和政府弥补财政赤字的资金需要。由于资

本市场上的交易对象主要是股票和债券这样的有价证券，所以资本市场又称为有价证券市场或股票债券市场。

③按交易中介存在与否划分，金融市场可分为直接金融市场和间接金融市场。直接金融市场是指资金需求者直接从资金供给者那里融通资金，一般以发行债券和股票的方式进行；间接金融市场是通过银行等信用中介机构来融资的市场。

一般来说，金融市场具有以下特征：第一，交易关系的特殊性。交易主体之间是一种借贷关系，买卖的是货币资金的使用权，货币资金的所有权不转移；第二，交易对象的特殊性。金融市场的交易对象不是一般的商品，而是货币资金这一特殊商品；第三，交易场所的特殊性。金融市场与商品市场不同，它可以不受时空限制，交易双方即使远隔万里，也可以借助现代科技手段顺利完成交易；第四，将来有一个逆向交易。

（2）房地产市场。房地产是房产和地产的总称。由于房屋和其他地面建筑物总是附着于土地并和土地一样具有区域固定性的特点，所以人们总是将两者联系在一起并统称为房地产。房地产市场包括房产市场和土地市场，它属于不动产市场，一般没有固定交易场所。

房产市场是房屋交换关系的总和。按用途的不同，房屋可分为住宅、生产经营用房和非生产经营用房。房产市场的建立有两个基本前提：一是房产的产权明确；二是房产的商品化。目前我国房产交易的主要形式有三种：房产买卖、房产租赁、房产调换。

土地市场是土地所有权或使用权的交易或转让关系的总和。

我国宪法规定，土地属于国家或集体所有，不得买卖土地所有权。因此，我国的土地市场不是土地所有权的买卖市场，而是土地使用权的让渡市场，且使用权的让渡是有期限的，不可一次购买永久使用。土地使用权出让通常采用三种方式：第一是协调方式，即土地出让方和受让方通过协商的方式转让土地使用权。第二是招标方式，即土地出让方以指定的地块、面积、用途、年限、建筑容积率、开发要求公开招标出让，在规定的期限内，由符合条件的单位书面投标，土地出让方择优而取。第三是拍卖方式，即土地出让方在指定的时间、地点，利用公开场合，由土地管理部门代表政府就某块土地的使用权公开叫价出让，由出价最高者获得土地使用权。

目前我国存在着三级土地市场。土地一级市场是国家有偿征用农村集体所有的土地和有偿出租或转让国有土地使用权的市场。土地二级市场是指土地开发市场，它是具有经济法人资格的土地开发公司对土地进行综合开发、经营而形成的市场，是土地使用权转让的市场。土地三级市场是指拥有土地使用权的用地单位之间进行土地使用权交易所形成的市场。

房地产交换的主要特征是：①交易客体是不能移动的，它不像一般商品那样通过运输集中在某个场所进行交易；②房产与地产通常合一交易，不是地随房走，就是房随地走；③交易客体具有非标准化特点，价格的确定相当复杂。

（3）劳动力市场。劳动力市场是指劳动力资源供求双方交换关系的总和。劳动力市场的交换活动，从供给方面说，它包括求职、培训、就业、失业、再就业直到最终就业等环节；从需求方面来说，它包括招聘、考核、录用、签订劳动合同、岗位安排、确定报酬和福利待遇、提供劳动保护、建立奖惩制度、辞退或解聘，以及干部和员工队伍更新等内容。职业介绍所、人才交流中心、人才招聘会、专门的职业介绍网站等是劳动力市场的具体形式。

根据不同的标准，可以把劳动力市场划分为不同的类型：

第一，按照雇佣和报酬支付特征，可以把劳动力市场分为主要劳动力市场和次要劳动力市场。主要劳动力市场提供大公司、大机构中的岗位，以就业稳定、工资福利待遇高、工作条件好、晋升和培训机会多为特点；次要劳动力市场提供小公司、小企业中的职业岗位，以就业不稳定、收入低、工作条件差、晋升和培训机会少为特点。

第二，按照职业对劳动力素质的要求，可以把劳动力市场分为国家公务员市场、经理市场、专业技术人员市场和普通劳动者市场等。

第三，按照劳动力交换的范围，可以把劳动力市场分为区域劳动力市场、全国劳动力市场和世界劳动力市场。

劳动力市场是市场体系运行的动力。劳动力市场的完善，对于促进市场经济体制的建立和完善，促进国民经济的健康发展，促进社会全面进步，具有十分重要的意义。劳动力市场的完善，有利于劳动者自主权的实现；有利于劳动力的合理流动和生产要素的合理配置；有利于劳动力资源的开发和利用，激发劳动者的积极性、创造性和竞争性；有利于提高经济效益，促进生产力的发展。

劳动力市场与其他要素市场相比，呈现出以下特征：第一，劳动力市场上交换的是劳动力的使用权。劳动者与劳动力具有不可分割性，劳动力的所有权永远属于劳动者本人。劳动者本身不是商品，不能被出卖和购买。所以，劳动力市场的交易是在劳动者保持劳动力所有权的前提下，在一定时期内有偿转让劳动力的使用权，它反映的是一种契约关系。第二，劳动力市场交易受到许多非价格因素的影响。劳动者在劳动力市场的交易过程中，不仅要考虑工资即劳动力的价格，而且还要考虑非价格因素，如工作环境、工作条件、社会地位和偏好等。劳动力的交易是价格和非价格因素的共同函数。第三，劳动力市场交易主体地位不对等。在劳动力市场上，劳资双方的地位是不对等的。相对于雇主而言，无论劳动力的质量如何，在劳动力市场上劳动者总是处于弱势地位。第四，劳动力市场受政府、工会等社会组织的影响。在劳动力市场的运行中，需要政府、工会等社会组织机构和各种法规政策，来保障劳动者的权益。第五，交易费用较高。劳动力市场供求双方都存在着多样性和复杂性，劳动力市场交易活动本身，是供求双方一系列的复杂选择过程。在正式交易之前，双方都需要花费一定的精力和成本来搜寻、分析和判断与交易有关的各种信息。因此，与产品市场相比，劳动力市场上的交易成本更昂贵，交易过程更长。

（4）技术市场。广义的技术市场指技术商品交换关系的总和，它包括从技术商品的开发到技术商品应用和流通的全过程。狭义的技术市场是指形成技术商品交换关系的场所。

技术商品是一种以知识形态为主的劳动产品，它的交易十分灵活。技术市场的交易活动主要有三大类：第一类是技术转让与技术引进，即引进先进的技术与设备操作程序、方法、手段，包括引进管理技巧与知识、经验；第二类是技术许可证贸易。供求双方就某项技术达成协议，需方有权使用供方的技术进行生产和销售，并向供方支付一定的报酬。如技术成果有偿转让、技术咨询、技术服务、技术承包、技术入股与合资联营等。技术许可证贸易包括专利许可证贸易、专有技术许可证贸易、商标许可证贸易、技术诀窍许可证贸易等；第三类是技术咨询与服务，包括决策咨询、工程技术咨询、管理咨询、专业研究与发明咨询、市场信息咨询等。

技术市场可以按照不同的标准进行划分：按技术商品的形式不同，可分为硬件技术市场和软件技术市场；按区域不同划分，可分为国际技术市场、国家技术市场和地方技术市场；按技术商品技术含量不同，可分为尖端技术市场、高薪技术市场、先进技术市场、一般技术市场和原始技术市场。

与普通商品相比，技术商品具有以下特点：一是技术商品不是实物商品，而是知识形态的无形产品；二是技术贸易不仅是商品流通领域的活动，而且往往是在技术应用等生产领域的长期合作，因而是交换过程的延伸；三是技术贸易所转让的是技术商品的使用权而不是所有权；四是技术商品的使用价值会发生快速的无形损耗；五是技术商品价格的确定比较复杂，通常技术商品的价格由交易双方自由决定。

技术市场是市场体系中最具有现代特色和时代感的市场。科技是第一生产力，发展与完善技术市场，有利于科技成果迅速转化为生产力，有利于不断扩大经济增长的科技含量，使科技进步成为经济发展的决定性因素，有利于企业的技术进步，有利于科技商品的流通。

（5）信息市场。信息是指事物的运动状态本身和关于事物运动状态的陈述，它是一种重要的经济资源。人类社会已进入信息时代，人们的生产和生活越来越离不开信息，信息搜集、整理、分析、储存、传输和交换日益成为一个专门的部门和行业。

信息市场是专门进行信息交换的场所，是信息商品交换关系的总和。信息作为商品同样具有价值和使用价值。信息的使用价值是抽象的，它的使用价值最终表现为通过信息的使用，可以提高企业的经济效益，而且所提高的经济效益要大于信息本身的价值。

信息市场的交换活动主要表现为有偿转让信息、有偿收集和加工信息、有偿传递信息等。信息市场可以按照不同的标准进行划分：按信息商品的种类不同可划分为经济信息市场、科技信息市场、综合信息市场；按信息市场存在方式不同，可分为固定型信息市场、流动型信息市场、临时性信息市场等。

信息市场是一个发展前景十分广阔的市场，它的发达程度是现代市场体系成熟和繁荣的一个标志。以信息技术为基础，以信息的生产、扩散和应用为主体的信息经济正在蓬勃发展，信息产业已成为许多国家的支柱产业。

三、市场体系的特征与作用

1. 市场体系的特征

在市场经济条件下，市场的资源配置功能是建立在完善的市场体系的组织架构之上的。一个健全、完善、有效运转的市场体系应该具备以下特征：

（1）完整性。市场体系的完整性是指市场种类和各类市场内部门类是齐全完整的，市场交易手段和交易形式多种多样，应有尽有，且各类市场均衡发展。市场的完整性是现代市场体系的基本要求。资源的配置是为了形成一种社会生产能力，这种社会生产能力是人、财、物、技术、信息、管理等综合要素的集合。市场对资源的配置同样是对各种资源的总体性配置，而不可能只是对单项资源或要素的配置。这就要求有市场的完整性，使各类不同的市场共同发挥作用，完成对资源的合理配置。这种市场的完整性，不仅要求市场种类的齐全，如要有消费品市场、生产资料市场、金融市场、劳动力市场、技术市场、产权交易市场、期货市场等，更重要的是要求各类市场发育与发展程度均衡。如果各类市场之间发育与发展程度参差不齐，其滞后的市场势必影响资源配置的总体功能，阻碍市场体系功能完整地发挥。

（2）统一性。统一性是现代市场体系的核心与灵魂。市场统一性是指商品和各种生产要素在一国范围内可以自由流通，形成了国内统一的市场组织体系、市场运行规则和市场管理制度。如果没有市场的统一性，国民经济之间的内在联系会被割裂，商品和生产要素的流动会严重受阻，竞争关系会被扭曲。只有在市场的统一性基础上，才能形成现代市场体系，进而为促进社会总需求与总供给的均衡、国民经济各部门和地区的有机联结以及提高经济效率创造必要的条件。

（3）有序性。有序性是现代市场体系的主要特征。市场体系的有序性是指市场必须按照一定的规则和秩序来运行，以保证公平竞争和市场的效率。有序性的主要内容是市场交易和竞争有序，具体表现为价格与非价格信号的透明化、交易程序的规范化、不同市场主体的权利平等和机会均等、交易过程的公平和安全等。如果市场秩序混乱，市场交易风险巨大，进而使交易成本增大，就会扼杀市场交易活动，并使整个市场体系处于非稳定状态，乃至趋于崩溃。

（4）开放性。商品经济本身是一种以开放为特征的经济形式，不断扩大市场范围是商品经济发展的内在要求。开放性是相对于封闭性而言的，市场体系的开放性是指市场可以按照规则自由进入和退出。开放是市场的本性，不仅要对国内开放，而且要对国外开放，把国内市场与国际市场联系起来，尽可能地参与国际分工和国际竞争，以达到更合理地配置国内资源和利用国际资源的目的。

（5）竞争性。垄断是竞争的直接对立物，垄断排斥竞争。市场体系的竞争性是指公平的市场竞争能充分展开，竞争的作用能充分实现。只有在市场竞争充分展开的条件下，价值规律才能充分发挥作用，才能保证市场经济运行的高效率，实现经济的快速增长。

2. 市场体系的作用

完善的市场体系是市场经济有效配置资源的必要条件，是建立市场经济的重要环节，市场体系的作用具体表现在以下几个方面：

（1）完善的市场体系是实现市场机制作用的基础。市场体系是市场机制发挥作用的载体，只有建立起健全、规范、完善的市场体系，市场机制配置资源的功能才能充分发挥出来。

（2）完善的市场体系是市场经济条件下企业搞好资本运营的前提。在市场经济条件下，企业的经营活动必须面向市场，从市场上获得生产要素并在市场上销售产品。只有完善的市场体系，才能给市场提供准确的市场信息，才能使企业获得所需要的各种生产要素。

（3）完善的市场体系是政府进行宏观调控的必要条件。在市场经济条件下，政府的宏观调控仍然具有必要性，间接调控是宏观调控的主要方式。健全和完善的市场体系，一方面正确地向市场传递政府的宏观信息，另一方面及时地反馈企业的微观运行状况。

第二节　市场结构

市场结构一般是指产业内企业间市场关系的表现形式及其特征，主要包括卖方之间、买方之间、买卖双方之间、市场内已有的买卖方与正在进入或可能进入市场的买卖方之间在数量、规模、份额、利益分配等方面的关系与特征，以及由此决定的竞争形式。根据竞争和垄断的程度不同，人们一般把市场结构划分为完全竞争的市场结构、完全垄断的市场结构、垄断竞争的市场结构和寡头垄断的市场结构四种类型。

决定上述四种市场类型划分的主要因素有以下四个：第一，市场上厂商的数目；第二，厂商所生产的产品的差别程度；第三，单个厂商对市场价格的控制程度；第四，厂商进入或退出一个行业的难易程度。其中第一个和第二个因素是最基本的因素。市场中的每一个企业都面临着不同类型的市场，企业必须了解本企业所面临的市场类型及其特点，从而确定自己产品的产量和价格，以实现利润的最大化。

一、完全竞争市场

完全竞争市场是一种只有竞争而没有垄断的市场结构。形成这种市场结构的条件有四个：

第一，有数量极多的小规模的买者和卖者。完全竞争市场有大量的买者和卖者，每个卖者可能提供的产量和每个买者打算买进的产品数量在市场总量中所占的比重都是微不足道的，以至于每一个卖者（或买者）增减其供给（或需求）对市场价格的形成不产生任何影响。市场价格是由众多的卖者和买者的共同行为决定的。这也意味着在一个完全竞争的市场上，任何单个买者和卖者都只是价格的接受者，而不是价格的决定者。

第二，没有进入限制，所有的厂商都可以自由进出该市场。有利可图时，新厂商可以很容易地进入市场与老厂商竞争。如果商品的生产和销售无利可图，也没有任何障碍会阻碍厂商退出市场。这表明生产要素可以随着需求和利润的变化在不同行业之间自由流动。

第三，产品的同质性。任何一个卖者提供的产品都与其他卖者提供的相同。在这种情况下，消费者并不介意从哪家厂商那里购买商品，不同生产者之间可以进行平等竞争，而且竞争也更为激烈。

第四，完全信息。买者和卖者完全掌握产品和价格的信息。这意味着生产者和消费者都有条件作出合理的生产决策和消费选择，从而获得最大的经济利益。同时也排除了由于信息不通畅而可能导致的一个市场同时按照不同的价格进行交易的情况。

从以上分析可见，完全满足这四个条件的市场在现实生活中几乎是不存在的。它只是一种理论抽象，其意义在于对竞争关系和过程进行典型分析。通过对完全竞争市场的研究，我们可以了解一个运行理想的市场所能完成的事情。现实中，通常只是将一些农产品市场，如大米市场、小麦市场、蔬菜市场、鸡蛋市场等，看成是比较接近完全竞争的市场。

普通股票市场与完全竞争市场

一个非常接近完全竞争市场标准的例子就是普通股票市场。在股票市场上每天都有许许多多的买者和卖者在进行股票交易，所有的份额都是完全相等的，任何愿意出售他的股票的人都可以很容易地进入市场，而且大多数相关公司和产业的信息都可以从日报或互联网上找到。

——摘自威廉·J. 鲍莫尔等：《经济学原理与政策》，北京大学出版社 2006 年版，第 177 页。

想一想：

假设目前有 1 000 家可以生产普通白衬衫的成衣商，而每一件非品牌的普通白衬衫在市场上可以卖到 40 元。假定消费者对白衬衫的需求弹性是 0.5，又假设其中一家成衣商把它的产量加倍，则会使总产量增加 1‰（因为假设有 1 000 家大小相似的厂商）。通过计算说明单个厂商对市场价格的影响是不是微乎其微的呢？单个厂商面临的需求曲线是一条向右下方倾斜的曲线还是一条水平线呢？

二、完全垄断市场

1. 完全垄断市场形成的条件

完全垄断市场是与完全竞争市场相对的另一极端，它是一种基本不存在竞争因素的市场类型，即完全由一家企业控制的市场，或者说卖方只有一家企业的市场结构。形成这种市场结构的条件是：

第一，市场上只有唯一的一个厂商生产和销售商品。这家厂商的供给就代表了该行业的供给。

第二，产品无相近替代品。垄断者生产和销售的产品无相近的替代品。

第三，进入限制。必须有某种原因使得潜在的竞争者根本无法进入和生存。否则，垄断行为和超额经济利润将不复存在。

在完全垄断市场中，排除了任何竞争因素，独家垄断厂商控制了整个行业的生产和销售，垄断厂商可以操作和控制市场价格。

由于产品之间或多或少存在一些可替代性，因而在市场经济中，完全垄断市场是较少见的，现实中比较接近完全垄断市场的行业是公用事业。

2. 垄断形成的原因

保持完全垄断的关键条件是排除市场中的潜在竞争者。达到这一目的的主要途径是用某些特定的障碍阻止产业中新厂商的出现。经济学家将这种障碍称为进入壁垒。下面我们就介绍几种影响新企业进入市场的障碍因素。

(1) 独家拥有某种资源。如果某一厂商控制了生产某种商品的全部资源或关键资源，就会形成垄断。因为这种对生产资源的独占，排除了经济中的其他厂商生产同种产品的可能性。例如，南非的德比尔公司拥有并控制了地球钻石矿的五分之四，成为世界钻石市场上的垄断者。

(2) 自然垄断。自然垄断是指由于一个企业能以低于两个或更多企业的成本向整个市场供给一种物品和劳务而产生的垄断。自然垄断产生于规模经济。有些行业的规模经济效益需要在一个很大的产量范围内和相应的巨大的资本设备的生产运行水平上才能得到充分的体现，以至于整个行业的产量只有由一个企业生产时才有可能达到这样的规模，而且只要发挥这个企业在该生产规模上的能力，就可以满足整个市场对该种产品的需求。在这类产品的生产中，行业内总会有某个厂商凭借雄厚的经济实力和技术创新等优势，最先达到这一生产规模，从而垄断了整个行业的生产和销售。于是这家企业就成了这个行业的垄断者。

电力、自来水、天然气的供应就是自然垄断的例子。如为了向镇上居民供水，供水企业必须铺设遍及全镇的水管网。如果两家或更多企业在提供这种服务中竞争，每个企业必须支付铺水管网的固定成本。因此，如果一家企业为整个市场服务，其供水的平均总成本就是最低的了。又如，如果两家公司在一个城市每个街道上架设电线，其中一家公司把电力输送到一个用户，另一家公司则负责隔壁用户的电力输送，那么显然是缺乏效率的。

(3) 政府特许经营。中央或地方政府往往基于各种考虑，而赋予特定厂商独家经营特定行业的权利。政府赋予的这种排他性权利也会造成垄断。如高速公路休息站内的小卖部和餐馆、机场内的免税商店、邮政服务、烟草专卖等。

(4) 专利与版权。专利是法律赋予某特定厂商或个人在一段时间内拥有生产或利用某项特定发明的权利。由于专利赋予，其他厂商不得生产相同产品，因而造成特定厂商垄断市场。如制药公司发明了一种新药，它向政府申请的专利给予该公司在专利有效期内排他性地生产并销售这种药的权利，从而在若干年内保持了自己对这种药物的垄断权。版权所有人可以根据法律在规定的年限内对其作品享有独占权。如版权使一个小说家成为她的小说销售的一个垄断者。

(5) 巨额的必要资本。必要资本是新企业进入市场所必须投入的资本。如果进入某一产业需要巨大的投资，尤其是当此项投资在很长一段时期内不能收回时，风险是很大的。因此巨额的必要资本限制了新企业的进入。如研发新飞机所需的150 亿美元巨额投资，足以使潜在进入者望而却步。

完全垄断的实例

一家企业控制关键性资源形成完全垄断的比较典型的例子是南非的钻石公司德比尔公司。德比尔控制了世界钻石市场80%左右的份额。虽然它的市场份额不足100%，但已经大到足以对世界钻石价格产生重大影响的程度。德比尔的市场势力取决于有没有钻石的替代品。如果说人们认为翡翠、红宝石和蓝宝石都是钻石的良好替代品，那么德比尔的任何想提高钻石价格的努力都会使人们将目光转向其他宝石。事实上，就物质属性和珍贵程度而言，钻石并无良好替代品，而且德比尔又通过“钻石恒久远”的广告在消费者心目中把钻石与其他宝石分开来，这又进一步强化了德比尔的垄断地位。

——摘自曼昆（N. Gregory Mankiw）：《经济学原理》（上），三联书店、北京大学出版社1999 年版。

垄断与厂商最小有效规模

如果最小有效规模只是市场规模的一部分，那么行业中就会存在许多厂商。如果规模经济使厂商的最小有效规模大于市场规模，那么行业中一家厂商的存在是很自然的事情。例如，城市中魅力沙龙的最小有效规模是每天每家沙龙服务30 位顾客，每天的发型设计需求为

300位，那么我们可以预计城市中将存在10家魅力沙龙（300÷30=10）。但是如果最小有效规模还要大（每天服务60位顾客），那么产业中厂商数量就要减少（300÷60=5）。在极端的情况下，厂商最小有效规模等于或大于市场规模（例如每天服务300位顾客）时，那么就只存在一家厂商（300÷300=1），它就成了垄断者。

——摘自约翰·B. 泰勒：《经济学》，中国市场出版社2007年版，第249页。

三、垄断竞争市场

现实中，完全竞争和完全垄断这两种市场结构都是特例，大量存在的是介于这两者之间，既有垄断又有竞争，垄断和竞争不同程度地结合在一起的市场结构，即垄断竞争市场和寡头垄断市场。其中垄断竞争市与完全竞争市场比较接近。

1. 垄断竞争的定义和性质

垄断竞争是一种介于垄断和竞争之间，既包含竞争因素又包含垄断因素的市场结构。一方面，垄断竞争市场包含大量的相互独立的卖者，它们进入和退出市场容易，相互之间存在着激烈的竞争。另一方面，垄断竞争厂商生产的是有差别的产品，各个企业可以凭借产品差别形成一定程度的垄断。但由于各个厂商生产的产品又是相近的替代品，所以这种垄断力量通常又是很小的。

2. 垄断竞争市场的特征

第一，存在较多的生产者。垄断竞争市场与完全竞争市场一样有许多企业，每个企业规模都不大。每个企业为争夺同样的顾客群体，都在努力创新，创造自己的产品特色以形成垄断。每个厂商都认为自己的行为影响很小，不会引起竞争对手注意和反应，因而自己也不会受到竞争对手报复措施的影响。

第二，产品存在差别。产品差别这个概念是美国经济学家张伯伦（Edward Hasting Chamberlin，1899—1967）于20世纪30年代在其名著《垄断竞争理论》中提出的。产品差别指同一种产品在质量、包装、外形、品牌、服务等细微方面的差别。企业向市场提供的产品或销售过程中的条件，与同行业的其他企业相比，在产品质量、款式、性能、售后服务、信息提供等方面存在着明显的差异，从而具有可区别性和可替代性。这种可区别性和可替代性的高低即意味着产品差别化的高低。产品差别使企业可以以自己的产品特色垄断一部分消费者，形成自己在市场上的垄断力量，因此产品有差异是导致垄断的直接原因。一般来说，产品的差异越大，生产该产品的厂商的垄断程度越高。由于有差别的产品之间可以相互替代，这就会引起这些产品之间的竞争。产品差别既会产生垄断，又会产生竞争，从而形成一种垄断竞争的状态。垄断竞争企业可以以自己的产品特色影响价格。经济中许多产品都是有差别并且可以相互替代的，因此垄断竞争市场是一种普遍存在的市场。

第三，要素流动比较自由。在垄断竞争市场上，厂商数量很多，厂商的生产规模不是很大，不存在严重的进入壁垒。

第四，厂商对价格有一定的影响力。由于垄断性使厂商对价格有一定的自主权，但竞争性又使厂商的定价权非常有限。

想一想：

现实经济生活中，垄断竞争市场普遍存在于哪些产业中？

与完全垄断相比，垄断竞争市场有许多优点：

第一，垄断竞争市场上产品是有差别的、多样化的，这能使消费者不同的消费偏好得到较大满足。生产者为保持和扩大自己产品的消费群体，必须千方百计地提高产品质量，搞好售后服务，维护品牌形象，从而有利于消费者。

第二，垄断竞争市场被认为是最有利于技术创新的。因为产品的差异会引起价格的不同，垄断竞争厂商通过创造产品差异而使自己在短期内获得垄断地位，具有一定的价格决定权，并进而获得超额利润，这就使各厂商有内在的创新动力。

四、寡头垄断市场

寡头（oligopoly）一词的原意是“为数不多的几个”。寡头垄断市场是一种只有为数不多的卖者的市场。这种市场上，少数几家厂商控制了某个行业整个市场或绝大部分市场的供给。它是介于完全垄断和垄断竞争之间的一种较为现实的市场结构。广泛地存在于石油、钢铁、汽车、计算机、制药、饮料以及国防等许多行业中。与其他三种市场结构相比，寡头垄断市场有以下特点：

第一，厂商数量不多。一个行业只有几个厂商，每个厂商在市场中都占有举足轻重的地位，对市场价格有比较强的控制力。

第二，每个厂商的产品既可相同，也可存在差别。如果寡头厂商生产的产品是无差别的，比如钢铁、石油等，我们称之为纯粹寡头；若寡头厂商生产的产品存在一定的差别，比如汽车、飞机等，这一类寡头则被称为差别寡头。

第三，进出壁垒高，要素不易流动。出于规模、资金、原料以及专利等方面的原因，新厂商难以与原有厂商竞争，而且原有厂商之间也可能相互串通，尽力阻止新厂商的进入，因而新厂商很难进入寡头垄断行业。

第四，厂商之间相互依存，单个厂商行为的结果具有不确定性。

在寡头垄断市场，每一个厂商的价格和产量的变动都会影响其他竞争对手价格和产量的变动，而竞争对手的价格和产量的变动又反过来影响自己的销售量和利润水平。例如，当某个厂商率先降低价格试图抢占他人的市场份额，增加销售量或利润时，其他厂商往往也会降低价格，最终各厂商的市场份额不变，而利润水平，可能不变，可能降低。因此，各厂商行为或决策的结果不仅取决于行为本身，而且还取决于竞争对手对该决策可能产生的反应。因此，要想在寡头市场上生存和发展，厂商必须考虑其竞争者的反应。

寡头垄断市场的产生主要是由于规模经济。大多数寡头垄断行业的特点是企业产量只有达到相当大才能实现规模经济。这样，一个行业只要有几家大型企业就可以满足整个市场的需求。尽管没有自然或立法的限制，但由于新企业进入所需资金巨大，投资风险也大，而且，原有企业在生产技术或市场占有方面具有优势，所以，新企业要进入是相当困难的。因此，不是每个行业都可以成为寡头垄断行业的。此外，行业中几家厂商对生产所需要的基本生产资源的供给的控制以及政府的扶植和支持也会造成一些产业部门呈现寡头垄断特征。

想一想：

为什么寡头做广告，而完全竞争厂商一般不做广告？

寡头市场价格和产量的决定有以下特点：

第一，很难对价格和产量作出决定。这是因为单个企业在作出价格与产量决策时，都要考虑到竞争对手的反应，而竞争对手的反应可能是多种多样的，难以准确预测。

第二，价格和产量一旦确定后就有其相对稳定性。因为难以摸清竞争对手的行为，一般不轻易改变自己的价格和产量。

第三，寡头企业之间的相互依存性和彼此之间难以战胜对方使它们之间更容易形成某种形式的勾结。勾结的最普遍的形式是组成卡特尔。

寡头垄断市场的优点表现在：

第一，寡头垄断市场厂商规模大，可以充分获得规模经济的好处。

第二，寡头垄断市场有利于产品创新，使消费者受益。各寡头为了在竞争中取胜，就要不断提高生产率，降低成本，创造新产品，这就会使消费者在产品品种、价格、质量和服务等方面得到益处。

第三，寡头垄断市场有利于进行科学研究。寡头市场上的厂商资本雄厚、管理手段科学、技术力量强、生产规范，具有长远发展战略，有动力也有能力进行需要巨额资金和强调人力投入的科学研究，并进行科研成果的转化。

市场集中度与市场竞争和垄断程度的衡量

在现实生活中，为了便于区分不同市场类型，特别是区分市场的垄断的程度，人们通常把市场集中度作为衡量的指标。所谓市场集中度，是指市场上少数企业在生产量、销售额、资本总额等方面对某一行业的支配程度。它一般是用这几家企业的某一指标（通常用销售额）占该行业的百分比来表示。集中度反映了企业在市场上的地位。集中度越高，表明企业的支配力越强；反之则越弱。

表 6－1　四种市场类型的划分和特征的比较

特征 市场类型	企业数量	产品差别程度	厂商进入的难易	企业对价格的控制
完全竞争	大量	无差别	非常容易	0
垄断竞争	很多	有些差别	比较容易	低
寡头垄断	几个	有或没有差别	不太容易	高
完全垄断	一个	没有十分相近的替代品	几乎不可能	100

第三节　市场失灵与微观经济政策

市场虽然在资源配置中发挥了重要的作用，但市场并不是万能的。市场机制在很多场合无法使资源得到有效配置，因此，在微观经济领域需要政府履行一定的经济职能，采取某些措施来纠正市场的偏差。

一、市场失灵的原因

市场失灵（market failures）是指市场不能有效地配置资源。狭义的市场失灵是指完全竞争市场所假定的条件不能被满足而导致的市场配置资源的能力不足从而缺乏效率的表现。广义的市场失灵则还包括市场机制在配置资源过程中所出现的经济波动以及按市场分配而导致的收入分配不公平现象。本节只分析狭义的市场失灵的原因、表现及矫正政策。

1. 垄断与市场失灵

在充分竞争的条件下，市场机制能使资源得到最优配置。然而达到充分竞争的条件是很苛刻的，它要求市场上存在众多的卖者和买者，没有任何人影响价格的形成，同时资源的自由流动不存在任何障碍。在这种情况下，人为的高价是不可能维持的，生产者将生产成本和价格保持在可能的最低水平，生产处于最有效率的状况，消费者也享有最大的福利。

在垄断条件下，垄断厂商可以对商品的价格实行控制，商品的价格不能真正反映市场的供求情况，也不随着供求的变化而变化，消费者则因价格偏高而减少消费，垄断行业的产量低于在充分竞争市场中的产量，资源没有得到最有效的配置。垄断的危害可以概括为以下几点：

第一，限制排斥市场竞争，导致市场信号失真和社会资源配置的低效率。

第二，损害消费者的利益。垄断使消费者不能从充分的竞争中取得高质量和低价格的产品，缺乏充分的产品选择权，从而损害了消费者的利益。

第三，不利于技术创新。垄断者缺乏竞争压力，凭借其市场垄断势力能长期获得垄断利润，因此缺乏创新的动力，不利于技术创新和推进社会技术进步。

2. 外部性与市场失灵

外部性（externality）是指个人或企业的行为直接影响到其他个人或企业，但其他个人或企业并没有因此而支付成本或得到补偿的情形。也就是经济活动所产生的成本和收益对交易双方之外的第三方所产生的影响。之所以称为“外部性”，是因为它产生于决策范围之外及其影响独立于市场机制之外。如化工厂在生产决策时，并不考虑自己的生产对附近村庄的影响，它所考虑的是如何扩大产量，以获得最大利润；同时市场机制既无力对化工厂排污损害他人的行为进行处罚，又无力对出钱修路而使附近村庄受益的化工厂给予补偿。外部性按照其影响的效果不同分为正外部性和负外部性两种。

正外部性也称为外部经济，是指个人或企业的行为对其他个人或企业产生有利的影响，但产生有利影响的个人或企业没有得到补偿，得到有利影响的个人或企业没有支付成本的情形。如教育的正外部性表现为：个人接受的良好教育会传播给他人；学习卫生知识、关注自身健康减轻了公共医疗系统的负担。但市场并不因此而为受教育者提供收益。

负外部性也称为外部不经济，是指个人或企业的行为对其他个人或企业产生不利的影响，但产生不利影响的个人或企业没有支付成本，遭受不利影响的个人或企业又没有得到补偿。大气污染、噪音公害就是负外部性的例子。

在存在外部性的情况下，社会成本与私人成本、社会收益与私人收益之间存在着差异，这种差异会降低市场配置资源的效率。如果一项经济活动可以增加社会福利，但提供者却得不到相应的报酬，就是社会收益大于私人收益的情形；如果一项经济活动会增加社会成本，而这种成本却并不由从事这项活动的人承担，就是社会成本大于私人成本的情形。在社会收益大于私人收益即正外部性的情形下，企业或个人无法获得外部收益，导致产量过低（如基础研究），均衡价格高，竞争性企业的利润最大化行为并不能自发导致资源的最优配置。在社会成本大于私人成本即负外部性的情形下，由于商品的价格没有反映社会成本，造成产量过高（如空气及水污染），社会资源的配置不合理，市场调节发生失灵。

当火车驶过农田的时候

20 世纪初的一天，列车在绿草如茵的英格兰大地上飞驰。车上坐着英国经济学家庇古（A. C. Pigou）。他一边欣赏风光，一边对同伴说：列车在田间经过，机车喷出的火花（当时是蒸汽机）飞到麦穗上，给农民造成了损失，但铁路公司并不向农民赔偿。这正是市场经济无能为力之处，称为市场失灵。

将近 70 年后，1971 年，美国经济学家乔治·斯蒂格乐（G. J. Stigler）和阿尔钦（A. A. Alchian）同游日本。他们在高速列车（这时已是电气机车）上见到窗外的禾田，想起了庇古当年的感慨，就问列车员，铁路附近的农田是否受到列车的损害而减产。列车员说，恰恰相反，飞速驰过的列车把吃稻谷的飞鸟吓走了，农民反而增收。当然铁路公司也不会向农民收“赶鸟费”。这同样是市场经济无能为力之处，也称为市场失灵。

——摘自梁小民：《微观经济学纵横谈》，三联书店 2000 年版。

3. 公共物品与市场失灵

公共物品（public goods）是指在消费和使用上具有非排他性和非竞争性特征的物品。当消费的人数增加而供给成本并不随之增加时，这种产品或服务在消费上就具有非竞争性。当产品是私人产品时，增加一个消费者的消费就要增加产品的数量，从而增加产品生产成本。公共物品一旦用既定的成本生产出来之后，增加消费者数量也不需要额外增加成本。如当覆盖某一地区的电视信号发射出来以后，它可以为这个地区所有想看电视的家庭提供收视服务，增加接收电视信号的家庭并不需要额外增加发射电视信号的成本。因此，对于接收电视信号的家庭来说，他们之间不存在竞争关系，不会由于一个家庭打开电视机接收电视信号，另外的家庭就不能接收到电视信号。当供给某种产品或服务时，如果不容易作选择性的供应而必须一视同仁，那么这种产品或服务的供给就具有非排他性。如灯塔不能选择性地单独让某些船只接受灯光指引，而让其他船只一片漆黑；收音机的无线电波不能只让某些用户收听；每个人都会从“飓风就要来了”的信息中获益。物品的非排他性表明人们不可能被排除在这种物品的消费之外。

公共物品可分为纯公共物品和准公共物品。同时具有非排他性和非竞争性的公共物品是纯公共物品。介于纯公共产品和纯私人产品之间的产品称为混合产品，也称为准公共产品。准公共物品具有局部的非排他性和局部的非竞争性。私人物品与公共物品的比较如表 6 – 2 所示。

表 6 – 2　私人物品与公共物品

私人物品	公共物品	
	纯公共物品	准公共物品
竞争性 （不能共同消费）	非竞争性 （可以共同消费，而不增加边际成本）	局部的非竞争性
排他性 （可分别收费，不付费则不能消费）	非排他性 （无法分别收费，或分别收费成本太高）	局部的非排他性
水果、衣物	国防、外交	道路、无线频道

典型的或纯粹的公共物品是私人企业所不愿意提供的。因为当供给不能排他时，就会存在搭便车者，对公共物品收取费用往往是不可能的，私人企业供给者也就难以从供给物品上得到应有的收益，公共物品的供应就会缺乏动力。所以，仅仅依靠市场机制，会使公共物品的供给量低于资源最优配置状态的供给量。

在没有政府提供公共物品的情形下，可以预见的最好的情况是公共物品的生产不能满足需求，而最坏的预期就是公共物品一点也没有生产。

想一想：

为什么诸如减缓全球变暖，防止臭氧的消耗之类的全球公共物品的提供特别难？

小镇烟火表演的供给

美国一个小镇上的居民喜欢在7月4日看烟火。根据经验，全镇500个居民中的每个人对观看烟火都给予了10美元的估价。放烟火的成本是1 000美元。由于5 000美元的利益大于1 000美元的成本，小镇上的居民看烟火是有效率的。假设这个小镇上的企业家艾伦决定举行一场烟火表演。艾伦肯定会在卖出这场晚会的门票时遇到麻烦，因为他的潜在的顾客很快就会想到，他们即使不买票也能看烟火。尽管从社会角度来看烟火表演是合意的，但从私人角度来看无利可图。结果，艾伦作出不举行烟火表演的决策。

尽管私人市场不能提供小镇居民需要的烟火表演，但当地政府可以解决这个问题。当地政府可以赞助7月4日的庆祝活动。镇委员会可以向每个人增加2美元的税收，并用这种收入雇佣艾伦提供烟火表演。小镇上每个人的福利都增加了8美元——烟火的估价10美元减去税收2美元。尽管艾伦作为一个私人企业家不能做这件事，但作为公共雇员他可以帮助小镇达到有效率的结果。

——摘自曼昆：《经济学原理》，北京大学出版社1999年版，第231页。

4. 信息不完全与市场失灵

信息不完全是指交易主体对相关信息不能完全掌握。在市场经济条件下，市场信息具有不完全性。市场能够实现社会资源的有效配置，是以人们能够完全掌握市场信息为前提的。当消费者了解各种商品的特性以及自己对商品的偏好时，他就可以在各种可能的价格下对商品的需求量作出合理选择。同样，当生产者了解各种生产要素的效率和价格以及各种生产技术的作用和成本时，他也可以在各种价格下对商品的供给量作出合理的选择。因此，在具备充分的市场信息的条件下，市场能形成合理的价格，市场价格的变化能导致社会资源的合理配置。但在现实经济里，市场信息是不充分的，消费者不可能完全了解各种可供选择的商品的特性以及他们对这些商品的偏好，生产者也不可能完全掌握各种可供选择的生产要素和生产技术的效用和成本，因而生产者和消费者的选择不一定是最优的，生产资源的配置不一定是有效的。

在现实的经济里还存在着信息不对称。信息不对称是指市场上卖方与买方所掌握的信息是不对等的，一方掌握的信息多一些，另一方掌握的信息少一些。在信息不对称的市场上，价格不能真实反映供给和需求的情况。

下面我们具体分析在信息占有不充分和信息分布不对称的条件下，市场失灵的情形。我们知道，如果提高某种商品的价格，对该商品的供给量就会增加，这是一般商品的供给规律。但是，当生产者掌握的市场信息不完全时，他们对商品的供给量就可能不随价格的上升而增加，这时就出现了逆向选择问题。逆向选择的存在就意味着市场的低效率和市场失灵。我们以汽车保险市场为例加以说明。

保险是一种特殊的商品，它由专门的保险公司提供。这种特殊商品的价格就是保险费用。保险公司获取的信息是不完全的。对于汽车保险来说，保险公司事先很难从投保人中区分出容易出事故者和不容易出事故者，即“好”的投保人和“坏”的投保人。“好”的投保人不愿意为保险支付过高的价格，“坏”的投保人愿意为保险支付高费用。但保险公司难以对这两种人实行不同的价格。当保险费少于赔偿额时，保险公司就会提高保险费。随着保险价格的上升，投保人中，“坏”的投保人所占的比例越来越大，“好”的投保人所占的比例越来越小。随着“坏”的投保人的比例越来越高，保险公司对每一投保人的平均赔偿也将增加，保险公司的平均损失将随保险价格的提高而提高。特别是当保险价格在较高水平继续上升时，投保人的结构会急剧恶化，从而平均损失会急剧上升，超过保险价格上升所带来的好处，这又使得保险公司进一步提高投保费率，同时保险公司面临的风险也随之加大，保险供给量会下降。最后只有少数出事故率很高的人参加保险，大量具有安全意识因而具有低风险的人被排除在保险市场之外，保险业市场不断萎缩。

二、微观经济政策

1. 限制垄断

如前所述，垄断导致资源配置缺乏效率，同时垄断利润通常被看成是不公平的，所以政府有必要对垄断进行限制。政府对垄断的限制有两种类型：一种是对自然垄断的限制，另一种是对市场垄断的限制。

政府对自然垄断的限制采取对企业实行管制的方式。政府对企业的管制有两种方式：一种是价格管制，另一种是进入管制。

价格管制是政府对处于自然垄断地位的企业所提供的产品的价格实行管

制，以防止它们为牟取暴利而危害公众利益。政府对价格的管制有三种方法：第一种是成本加成的定价方法，即在核定企业平均成本的基础上，允许加上合理的相对固定不变的利润，形成产品的销售价格；第二种是收益比例定价法，即参照同行业的投资收益情况确定一个合理的收益率，然后按照企业的平均成本加收益率确定产品的销售价格；第三种是最高限价的方法，即政府根据公众的意见制定企业产品的最高限价，企业产品的销售价格不得高于此价格。

进入管制则是指政府对新加入的企业加以限制，以避免多家企业的竞争造成对规模经济的损害。政府实行进入管制的方法是实行经营许可证制度。企业经营公用事业等业务，必须要取得政府颁发的经营许可证，政府通过颁发经营许可证的控制实行进入管制。

政府对市场垄断的控制通常采用实施反垄断的方法，具体表现为制定和实施反垄断法或反托拉斯法。反垄断法的主要内容可以概括为以下几个方面：

第一，禁止私人垄断和卡特尔协议。私人垄断是指个人、公司或财团通过兼并、收买或低价倾销等手段，把其他竞争对手从市场上排挤出去，从而确定自己在市场中的垄断地位并以此支配市场。反垄断法是坚决禁止这种情况的。卡特尔协议是指多个企业以垄断市场、获取高额垄断利润为目的，在一定时期内就划分市场、规定产量、确定价格而达成正式或非正式的协议。

第二，禁止市场过度集中。市场适度集中有利于发挥规模经济的作用，但过分集中又会产生企业垄断，从而限制竞争。企业兼并是实现市场集中的主要途径，各国的反垄断法对于能够形成过度集中的企业兼并是加以禁止的，同时也分割或肢解具有很大支配力的厂商。

第三，禁止滥用市场势力。所谓滥用市场势力，是指在市场中居于支配地位的大企业，凭借自身的经济实力对其他企业施加影响，迫使它们按自己的意愿行事，从而妨碍了公平竞争。价格歧视、独家交易、搭配销售等就是属于滥用市场势力的做法。

2. 有关外部影响的政策

为了解决外部影响所造成的资源配置不当的问题，人们提出了许多不同的政策主张。下面我们介绍几种主要的政策建议。

第一，征税或补贴。对造成外部不经济的企业，国家应该征税，其数额应该等于该企业给社会其他成员造成的损失，让企业通过税收支付外部成本。对带来外部经济的企业，国家可以采取补贴的办法，使得企业的私人利益与社会利益相等，促进企业提高产量。如政府对基础科学研究的补贴有利于科研水平提高和科研成果的增加。

第二，合并企业。一个企业的生产影响到另一个企业。如果影响是正的

（外部经济），则第一个企业的生产就会低于社会最优水平；反之，如果影响是负的（外部不经济），则第一个企业的生产就会超过社会最优水平。但是如果把这两个企业合并成一个企业，则此时的外部影响就“消失”了。合并后的单个企业为了自己的利益将使自己的生产确定在边际成本等于边际收益的水平上。此时由于不存在外部效应，所以合并后企业的成本与收益就等于社会的成本与收益，于是资源配置达到有效状态。

第三，界定产权。在许多情况下，外部影响之所以导致资源配置失当，是由于财产权不明确。如果财产权明确并得到充分的保障，则有些外部影响就可能不会发生。如政府如果将“自由排放污水”的权利赋予上游厂商，那么下游厂商的选择是：自己花钱加装过滤水的设施，或者支付上游厂商一定的费用，让它们减少或停止污染等。如果产权的赋予是让下游厂商享有“使用干净水”的权利，那么上游厂商可能的选择是：自己加装减少污水的设备、迁厂，或与下游厂商协商，将这种权利从它们那里买过来，然后再让河流受到一定程度的污染，受到损害的下游的用水者则使用他出售污染权而得到的收入来治理河水。可见无论产权如何界定，只要产权明确，厂商就会自己去设法解决外部影响问题。

第四，拍卖污染权。从某种意义上讲，向河流倾倒废物、污染空气和污染海洋的权利是一种资源。政府可以通过向愿意出价最高的人出售或拍卖污染的权利的办法，即出售外部性权利的办法来控制污染，以解决外部不经济问题。政府根据研究来决定在某一时间段某种污染物的排放总量，然后根据公开拍卖的程序，让私人部门取得这些污染物排放许可证。各个厂商根据自身的情况，通过竞拍取得自己所需要的数量。这种方法处理污染问题的好处是，不仅使污染排放总量保持在政府设定的界限之下，而且激励企业努力采取措施减少自身的污染。

新加坡政府限制新车上路的数量

尽管新加坡车辆税的费用很高，汽车在闹市区行驶的费用也很高，但新加坡的道路仍然会发生堵塞。所以政府决定限制新车上路的数量，因为它们带来的外部成本（交通堵塞和污染）实在太高了。政府每年拍卖一次买车的权利。汽车所有权许可证的购买者很可能是出租汽车公司、货运公司、公交车公司和推销人员等。图方便、不想乘公交车，而想开车的家庭会发现这种许可证太贵了。

第五，对外部性的直接管制。征税、补贴和拍卖污染权是一种间接管制方式，政府往往也会对私人部门的经济（和其他）活动加以直接管制。如政府制定机动车安全标准、工厂排污标准、不同场合的噪音标准等。

3. 公共物品的提供

纯粹的公共物品是不能由私人市场提供的，因此，政府必须承担起提供公共物品的责任。

对于典型的或纯粹的公共物品需要全部由政府提供。例如，国家安全、公共教育、疾病控制和行政服务等，具有完全的非排他性和非竞争性，私人厂商不会生产这些物品，只能由政府来提供。政府可以通过税收的方式取得收入，然后用于提供这些产品。

对于非典型或准公共物品，部分仍需要政府提供。例如，机场、港口、铁路等基础设施具有一定的排他性。私人厂商可以投资建造这些基础设施，然后对使用这些基础设施的航空公司、货运公司、铁路公司收取费用。但是这类基础设施投资数额大、回收周期长、利润率不高，私人厂商不一定愿意建造。因此这类基础设施还需要政府来建造。

4. 信息调控

信息的不完全会带来很多问题。市场机制本身可以解决其中的一部分，但市场价格机制并不能解决或者至少是不能有效地解决信息不对称的问题。在这种情况下，就需要政府在信息方面进行调控。信息调控的目的是保证消费者和生产者能够得到充分和准确的市场信息，即增加市场的透明度，以便他们能够作出准确的选择。例如，就保护消费者方面来说，常见的政府措施包括：产品广告上不得有不合乎实际的夸大之词、某些产品必须有详细的说明书、香烟上必须标明“吸烟有害健康”的字样等。

本章小结

市场作为一个有机整体，是由许多不同类型的具体市场构成的。市场可以按不同标准进行划分，通常的划分标准有：交易对象、交易范围、竞争程度、市场供求关系，交易活动所经历的时间长短和交易方式等。

市场体系是指多种不同类型而又相互联系、相互制约的市场所组成的有机统一体。按交易对象划分，完整的市场体系由消费品市场、生产资料市场、金融市场、房地产市场、劳动力市场、技术市场和信息市场组成。现代市场体系具有完整性、统一性、有序性、竞争性和开放性五个方面的特征。

市场结构一般是指产业内企业间市场关系的表现形式及其特征，主要包括卖方之间、买方之间、买卖双方之间、市场内已有的买卖方与正在进入或可能进入市场的买卖方之间在数量、规模、份额、利益分配等方面的关系与特征，以及由此决定的竞争的形式。根据竞争和垄断程度的不同，人们一般把市场结构划分为完全竞争的市场结构、完全垄断的市场结构、垄断竞争的市场结构和寡头垄断的市场结构四种类型。

在完全竞争市场条件下，市场可以使资源达到最优化配置。如果完全竞争的条件受到破坏，那么市场可能出现失灵。造成市场失灵的因素主要有垄断、公共物品、外部性以及信息不完全等。政府通过各种方式和途径干预市场，以弥补市场失灵的缺陷。

本章主要概念

市场体系；消费品市场；生产资料市场；金融市场；房地产市场；劳动力市场；技术市场；信息市场；期货市场；现货市场；市场结构；完全竞争市场；完全垄断市场；垄断竞争市场；寡头垄断市场；市场失灵；外部性；公共物品

思考题

（1）从交易对象看，市场体系是怎样构成的？

（2）市场体系有哪些特征？

（3）为什么市场体系应该是完整的、统一的、竞争的、有序的和开放的？

（4）现实生活里，有哪些行业属于垄断竞争？有哪些行业属于寡头垄断？试各举出 3 个例子，并解释为什么你认为如此。

（5）简述垄断形成的原因及垄断的危害。

（6）导致市场失灵的因素有哪些？

（7）外部影响是如何导致市场失灵的？如何纠正外部影响造成的资源配置不当？

（8）试从日常生活经验中举出一些外部性的例子。

（9）公共物品为什么不能由市场来提供？

（10）试述市场失灵的解决对策。

参考文献

[1] 曼昆：《经济学原理》，北京大学出版社 1999 年版。
[2] 马洪：《什么是社会主义市场经济》，中国发展出版社 1993 年版。
[3] 高鸿业：《西方经济学》，中国人民大学出版社 2000 年版。
[4] 郭熙保、何玲：《微观经济学》，中国社会科学出版社 2002 年版。

第七章　宏观调控

本章首先考察了国民经济循环和经济总量，总需求与总供给及二者的失衡，由此说明政府对宏观经济调控的必要性。然后阐述了现代市场经济条件下政府宏观调控的目标以及为实现宏观调控目标所采取的政策与手段。

第一节　国民经济循环与经济总量

一、国民经济循环

一个经济系统是由相互联系的不同部门组成的，是一个有机的统一体。理解国民经济运行，必须了解经济运行的循环过程。

首先从两部门经济开始，假定经济系统中只有居民家庭和厂商两个部门，则经济循环如图 7－1 所示。居民把所拥有的生产要素（如土地、资本、劳动）提供给厂商使用，厂商支付给居民生产要素报酬（如地租、利息、工资），厂商运用这些生产要素生产商品与劳务，居民利用所获得的生产要素报酬，购买商品与劳务，进行消费与使用。

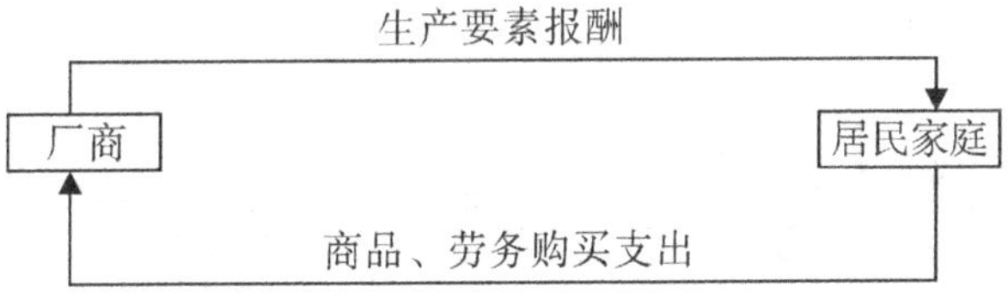

图 7－1　两部门经济循环模型

三部门经济由居民家庭、厂商和政府三个部门组成，经济循环如图 7－2 所示。居民与厂商之间的经济联系如两部门经济。政府通过各种税收从厂商、居民部门获得收入，政府利用这些收入进行支出：一是政府对产品和劳务的直接购买，称为政府购买支出；二是以转移支付方式直接支付给某些家庭或个人，如失业救济金、转业军人津贴、向生活困难家庭发放的食品券或生活补贴等。

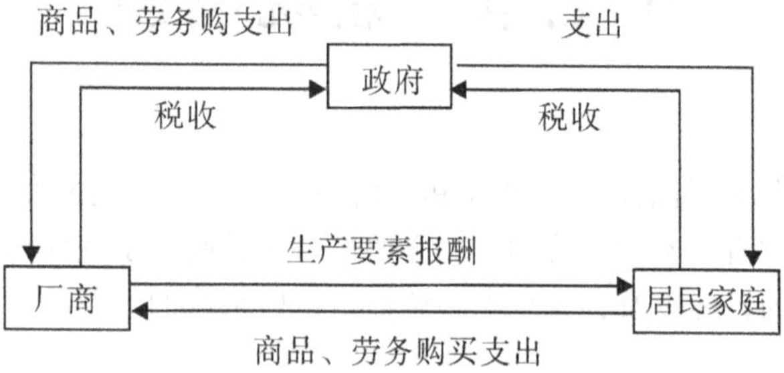

图 7－2　三部门经济循环模型

四部门经济由居民家庭、厂商、政府与国外部门组成，经济循环如图 7－3 所示。国外部门通过商品与劳务的进出口对经济运行产生影响。国内厂商、居民家庭与政府购买国外厂商的商品和劳务，这是进口（imports）。国外部门购买国内厂商生产的产品和劳务，这是出口（exports）。净出口（net exports）是某一时期内一国出口量减去进口量的差值。当净出口大于零时为贸易顺差，当净出口小于零时为贸易逆差。政府通过国外部门的经济活动获得关税。

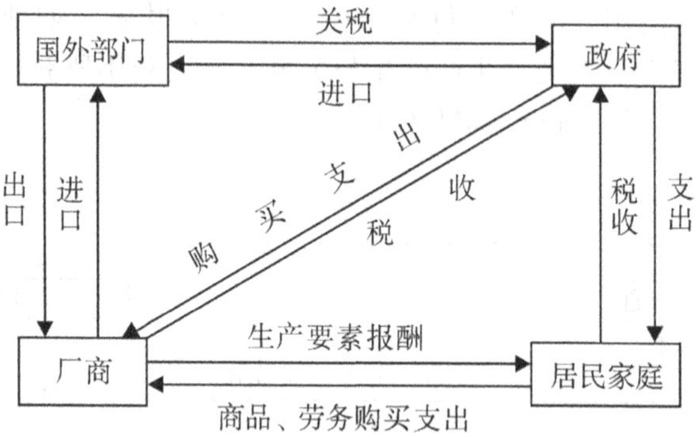

图 7－3　四部门经济循环模型

二、国民经济总量

国民经济总量可由一组经济指标来衡量，反映某一经济系统在一定时期内所投入的要素能够生产的产品与劳务的市场价值总和。

1. 国内生产总值

国内生产总值（Gross Domestic Product，简称 GDP）是在一定时期内（通常为一年）在一国（或地区）境内所生产的最终产品和服务的市场价值总和。

为了理解国内生产总值，必须先了解中间产品与最终产品的概念。从商品购买者的目的看，若是为了用它来生产其他产品，将该产品作为生产某种产品的原材料而计入生产成本，这是中间产品。只有购买该产品用于家庭部门的消费、厂商部门的投资、政府部门的购买支出以及对外部门的出口时，才是最终产品。

假设一个农民通过劳动生产出价值 1 000 元的小麦（其他成本假设为零），面粉厂从农民那里购买小麦通过加工生产出价值 1 500 元的面粉，面包店用面粉生产出厂价值 1 800 元的面包，最后以价格 2 000 元卖给消费者。

国内生产总值是面包的市场价值 2 000 元，恰好等于各中间环节的增值。生产小麦增值为 1 000 - 0 = 1 000 元；加工面粉增值为 1 500 - 1 000 = 500 元；生产面包增值为 1 800 - 1 500 = 300 元；销售面包增值为 2 000 - 1 800 = 200 元。

人均 GDP 是指一国（或地区）居民每人平均生产的最终产品和服务的市场价值总和。其计算公式是：人均 GDP = GDP/人口数量。GDP 反映一国（或地区）的经济实力和市场规模，人均 GDP 反映该国（或地区）的经济发展水平与居民生活水平。

国内生产总值的计算方法有三种，分别为支出法、收入法、生产法。

支出法是把一定时期内一国（或地区）境内所生产出来的最终产品和劳务按购买者最终支出的总额进行统计，包括家庭消费、厂商投资、政府购买与国外部门净出口。家庭消费，用 C 表示，主要有日常用品、耐用品、劳务。厂商投资，用 I 表示，主要有固定资产投资、存货增加。政府购买，用 G 表示，主要有政府雇员工资、国防开支、日常购买支出、公共工程支出。净出口一般用 $X-M$ 表示。用支出法计算 GDP，可以表示为：$GDP = C + I + G + (X - M)$。

厂商将通过出售商品和劳务获得的收入，分配到各种生产要素所有者（居民家庭）手中。这些要素所有者获得的工资、利息、租金和利润等要素报酬就构成了一个经济系统的总收入。用收入法计算国内生产总值，主要包括工资、净利息、租金、非公司企业收入、利润、企业间接税、折旧费、企业转移支付。

生产法是从生产过程中形成的总产品入手，剔除生产过程中投入的中间产品价值，得到新增价值总额。即：增加值 = 总产出 - 中间投入。

从理论上讲，无论使用哪种方法计算国内生产总值，结果应该是一样的。实际上，由于统计方面存在误差，三种核算结果可能会略有差别。

2. 其他经济指标

国民生产总值（Gross National Product，简称 GNP）是指在一定时期内（通常为一年）在一国居民所拥有的生产要素所生产的最终产品和服务的市场价值总和。GDP 是以国境为界，即本国境内所有生产活动所创造的最终产品与劳务的价值。GNP 是以国民为界，即本国国民所拥有的生产要素创造的最终产品与劳务的价值。GNP = GDP + 本国国民在国外的生产要素所得 - 外国国民在国内的生产要素所得 = GDP + 本国国民在国外的净要素所得。

想一想：

表 7 - 1 是中国内地 1993—2008 年的 GDP 与 GNP 数据，其差额的变化说明什么？

表 7 - 1　中国内地 GDP 与 GNP　　单位：亿元

	GDP（亿元）	GNP（亿元）	GDP - GNP（亿元）
1993	35 333.9	35 260.0	73.9
1994	48 197.9	48 108.5	89.4
1995	60 793.7	59 810.5	983.2
1996	71 176.6	70 142.5	1 034.1
1997	78 973.0	78 060.8	912.2
1998	84 402.3	83 024.3	1 378.0
1999	89 677.1	88 479.2	1 197.9
2000	99 214.6	98 000.5	1 214.1
2001	109 655.2	108 068.2	1 587.0
2002	120 332.7	119 095.7	1 237.0
2003	135 822.8	135 174.0	648.8
2004	159 878.3	159 586.7	291.6
2005	183 217.4	184 088.6	-871.2
2006	211 923.5	213 131.7	-1 208.2
2007	257 305.6	259 258.9	-1 953.3
2008	300 670.0	302 853.4	-2 183.4
总和	2 046 575.0	2 042 144.0	4 431.1
年平均值	127 910.9	127 634.0	276.9

国内生产净值（Net Domestic Product，简称NDP）是一国在一年内国内生产总值减去生产过程中所消耗掉的资本（折旧费）所得的净值。与国内生产净值计算相类似，国民生产净值（Net National Product，简称NNP）是一国在一年内的国民生产总值减去生产过程中所消耗掉的资本（折旧费）所得的净值。

国民收入（National Income，简称NI）是一国在一年内各种生产要素所得实际报酬的总和，包括工资、净利息、租金和利润等要素报酬。它可以通过国内生产净值减去企业间接税和企业转移支付两项支出而得到。

个人收入（Personal Income，简称PI）是一国在一年内所有家庭得到的实际收入总和，包括劳动收入、业主收入、租金收入、股息收入、净利息收入和政府所给予的各种救济金、福利费补助、养老金、公债利息、政府和企业给家庭的转移支付等。

个人可支配收入（Disposable Personal Income，简称DPI）是一国在一年内家庭的全部实际收入扣除个人应缴纳的各种税收所得的剩余部分。

第二节　宏观调控及其目标

一、总需求与总供给

在国民经济循环过程中，各部门的活动形成总需求与总供给。

总需求（aggregate demand）是指国民经济中各部门在不同价格水平下，对商品和劳务愿意且能够购买的总量。它包括国内居民对产品和服务的需求、企业购买资本品的需求、政府采购产品与服务的需求以及外国购买本国产品和服务的净需求。

总供给（aggregate supply）是指国民经济中厂商和居民在不同价格水平上愿意且能够提供的商品和劳务总量。

在其他条件不变的情况下，价格上升会抑制总需求的增加并刺激总供给的增加，价格下降会抑制总供给的增加并刺激总需求的增加。

当经济系统中厂商和居民生产出来的全部产品和劳务能够为其社会成员和家庭购买吸收时，则称经济处于总体均衡状态，总供给等于总需求。这是国民经济总体均衡条件。

由于影响总供给和总需求的因素处于变化中，总供给与总需求经常出现失衡状态。总需求与总供给在数量上不相等，称为总量失衡。总量失衡有两种类型：一是总供给大于总需求，称为供给过剩或需求不足；二是总供给小于总需求，称为供给短缺或需求过旺。这两类失衡都会对国民经济运行和发展产生不利的影响。前者会引起资本、商品、劳动力过剩，资源闲置浪费，甚至导致经济危机；后者会引起经济过热、物价上涨、市场秩序混乱。

二、宏观调控

在市场经济条件下，市场对资源配置起基础作用。各经济行为主体的经济活动是分散的，决策相对独立。经济系统遭受的意外冲击和市场经济自发调节过程中出现的各种不稳定因素造成经济波动，总需求与总供给不相等，导致资源配置效率低下。虽然市场机制能够自发调节恢复均衡状态，但过程漫长。此时，政府制定与实行宏观经济政策，进行宏观调控则十分必要。

宏观调控（macro - economic control）是指政府运用法律、经济、行政等手段，对经济运行状态和经济关系进行干预和调整，及时纠正经济运行中偏离宏观目标的倾向，力求实现总需求与总供给的平衡，以保证国民经济的平稳运行。

法律手段是指政府通过制定和运用经济法规来调节经济活动的手段，主要是通过经济立法和经济司法调节经济，具有权威性和强制性。

经济手段是指政府运用经济政策和规划，通过对经济利益的调整来影响和调节经济活动的措施。主要包括：财政政策和货币政策；制定和实施经济发展规划等，对经济活动进行引导，是一种间接手段。

行政手段是指政府通过行政机构采取带有强制性的行政命令、指示、规定等措施来调节和管理经济，有直接性、权威性、无偿性和速效性等特点。

宏观调控一般以经济手段和法律手段为主，辅以必要的行政手段。

三、宏观调控目标

政府制定、实施经济政策，谋求解决经济运行中出现的问题，从而达到特定的经济运行目标。宏观经济政策的主要目标包括经济增长、充分就业、价格稳定与国际收支平衡。

1. 经济增长

各国政府无一例外地都以经济增长作为自己的政策目标之一。各国政府每年都希望经济增长率能达到一个相当高的水平，既可以增强本国综合竞争力，又能提高居民生活水平，还有助于显示政府的政绩。经济增长是一个国家国内生产总值或人均国内生产总值的增加。经济增长表现为长期持续的产量扩大与收入增加。设定经济增长目标，需要注意其合理性。若目标过低，一年中增加的产量有可能不能满足总需求，影响生产资源的充分就业；若目标过高，现有的资本、劳动、技术等可能无法达到目标要求，引发严重的通货膨胀。

2. 充分就业

宏观经济政策的目标之一是充分就业（full employment）。就业的反面就是失业，失业是指经济系统中部分劳动力处于没有工作的状态，主要包括摩擦性失业、结构性失业与周期性失业三种情况。

摩擦性失业是由于劳动力缺乏流动性、信息不充分以及市场组织不健全所造成的失业。一般发生在人们处于不同地区、职业或生命周期的不同阶段，因而工作不停变动的场合。例如，人们搬到一个新城市后需要寻找工作；一个人由于某种职业不够理想而想寻找其他职业所引起的暂时性失业；大学毕业生寻找一个工作时需要花费一段时间；妇女在生完孩子后可能需要重新寻找工作，等等。

结构性失业是由于经济结构（包括产业结构、产品结构、地区结构等）发生了变化，现有劳动力的知识、技能、观念、区域分布等不适应这种变化，与市场需求不匹配而引发的失业。例如，由于工艺发生重大变化，一部分人可能缺乏新工艺所要求的训练和技术，难以被雇佣。经济发展过程中，有些部门发展迅速，而有些部门正在收缩，有些地区正在开发，而有些地区经济正在衰落，这引起部分人失去工作。

摩擦性失业与结构性失业是经济系统的运行规律所导致的，难以彻底消除。宏观经济政策主要是消除周期性失业。周期性失业（cyclical unemployment）是指随着经济周期变化而出现的失业。充分就业目标并非是要使每一个人都有工作，只要消除了周期性失业，便可认为充分就业目标已经实现。

3. 价格稳定

宏观经济政策的目标之一是保持价格水平相对稳定。因为一旦价格水平出现持续快速上涨，发生比较严重的通货膨胀，将严重影响居民生活水平，不利于经济长远发展；而价格水平持续下降，经济运行进入萧条阶段，必然造成严重的失业，对经济增长与社会安定构成威胁。

在价格水平发生波动的情况下，政府通常会以紧缩性政策对付通货膨胀，而以扩张性政策来促使经济走出萧条。任何宏观经济政策都不可能使价格水平绝对不发生变化。政府只能尽量避免严重的通货膨胀或通货紧缩发生，令价格水平的上涨或下降尽可能的平缓。

4. 国际收支平衡

国际收支是一国的对外账户，是一个国家在一定时期内从国外收入的全部货币资金和向国外支付的全部货币资金之间的对比关系。收支相等称为国际收支平衡（balance of payment），否则为不平衡。收入大于支出称为国际收支顺差（international payments surplus），或称国际收支盈余；支出大于收入称为国际收支逆差（balance of payments deficit），或称国际收支赤字。在现实中，国际收支差额刚好为零的情况比较少见，只要略大于零或略小于零，即略有顺差或略有逆差即可，实现国际收支基本平衡是一个更为现实的选择。

上述宏观经济政策目标不是孤立的，而是紧密相连的。它们之间有互补关系，也有互斥关系。在制定宏观经济政策时，必须对宏观经济政策目标进行判断，权衡轻重缓急和利弊得失，确定目标的实施顺序和目标指数的高低，同时使各个目标能有最佳的匹配组合，使所选择的目标体系成为一个有机整体。

第三节　宏观调控政策

宏观经济政策是现代经济学的重要组成部分。20 世纪 30 年代以前，传统经济学坚持经济自由主义的信念，坚信“看不见的手”会自动调节经济，主张自由放任，反对政府干预。面对 1929—1933 年世界经济大萧条的冲击，英国经济学家凯恩斯提出，有效需求不足造成失业和危机，仅靠“看不见的手”自动调节，不能保证充分就业和经济稳定发展，从而提出了一套政府干预经济的需求管理政策，即“看得见的手”。凯恩斯为政府干预经济提供了理论根据。二战以后，西方国家广泛采取以凯恩斯理论为依据的宏观经济政策，主要包括财政政策与货币政策。

一、财政政策

财政政策（fiscal policy）是政府通过对财政收入和支出进行调节，影响总需求，进而影响产出水平的政策措施。其基本原则是“逆经济风向行事”：经济萧条时，以扩张性财政政策增加总需求；经济繁荣时，采取紧缩性财政政策，抑制总需求。

1. 财政政策内容

（1）政府支出。政府支出包括各级政府的全部支出。可分为两类：第一类是以取得产品或劳务为目的的支出，包括政府对国防物资、办公用品的购买，对各类人员的雇佣，对道路、医院、学校、水利设施等各类公共工程的建设。第二类是政府的转移性支出，包括失业救济金及养老金、退休金等各种社会福利保障支出。

不论是哪类政府支出，都会对总需求产生影响。经济萧条时，政府可以增加财政支出，向企业进行更大规模的采购，以刺激私人投资的增加；可以兴建公共工程（特别是基础设施），在创造就业机会和社会需求的同时，为经济未来的快速发展奠定基础；可以进行转移性支出，使居民货币收入增加，有能力进行更多的消费，间接地带动投资的增加。政府支出增加使得总需求明显增加，社会上闲置的生产资源得到比较充分的使用，有助于克服萧条，实现充分就业。当社会经济过度繁荣、通货膨胀压力增大时，政府同样可以由这几方面入手来减少社会总需求，使私人投资、居民消费受到抑制，促使价格水平回落。

（2）政府税收。税收是财政收入的重要来源之一，是政府调节总需求的常用手段。经济萧条时，政府通常会采取减税的措施，使企业与个人可支配的收入保持稳定或缓慢下降，防止总需求过快下降，达到减轻甚至消除萧条的目的；经济繁荣时，采取增加税收的办法来限制企业的投资和居民的消费，在一定程度上抑制总需求，使过热的经济恢复到正常状态。

政府支出与税收往往会相互配合、同时发生变化，以使财政政策达到更为理想的效果。萧条时，政府在增加支出的同时还会采取减税的措施；繁荣时，政府在减少支出的同时还会以增税来抑制总需求，最大限度地缓解通货膨胀压力。

（3）财政赤字和财政盈余。如果政府财政收入大于财政支出，称为财政盈余；如果政府财政收入小于财政支出，称为财政赤字。

按照财政政策“逆经济风向行事”的原则，经济繁荣时期，政府采取紧缩性政策，一方面增加税收，另一方面减少支出，使财政收入大于财政支出，便出现财政盈余。在大多数情况下，政府面临的并非是财政盈余，而是财政赤字。政府可通过向公众发行公债来筹措资金，弥补赤字。

2. 财政制度的自动稳定器

财政制度本身具有内在的自动调节功能。在经济出现波动时，“自动稳定器”会发生变化，以减轻波动。自动稳定器主要包括以下内容。

（1）税收的自动变化。当前所得税率一般是累进的，即在收入增加时要以更高的税率缴纳税款，从而使税额变动幅度超过收入变动幅度。随着经济波动的发生，公司所得税与个人所得税会自动变化，起到缓解波动的作用。经济繁荣、通货膨胀时期，企业利润、个人收入普遍增加，企业与居民需要以更高税率缴纳更多税款，这使其可支配收入增长相对趋缓，总需求在一定程度上受到抑制。经济萧条时，失业的增加使收入普遍下降，居民以较低税率缴纳较少税款，可供投资与消费的收入保持稳定或缓慢下降，防止总需求快速下降。

（2）政府转移支付的自行变动。经济繁荣时，失业人口减少，居民收入水平普遍提高，政府支出的失业救济金及对低收入人口发放的生活补贴等转移性支出明显减少，在一定程度上抑制了居民可支配收入在经济繁荣时期的过度增长，对总需求产生一定的制约作用。经济萧条时，随着失业队伍的扩大，居民收入下降，政府发放的失业救济金及各种生活补贴自动增加，使得居民手中可支配收入相对维持在较高水平，从而达到稳定社会总需求的目的。政府转移性支出的自动调节，同税收的自动变化一样，可以起到减缓经济波动的作用。

（3）农产品价格维持制度。为了稳定农业生产，西方国家已形成了常规的处理措施。一旦农产品价格下降到一定水平，政府便采取措施，或在市场上收购农产品，或直接向农场主支付货币补贴。这一方面可以使农业生产保持稳定；另一方面可以使农业人口的收入增加，有助于稳定总需求。若农产品的价格上涨到一定限度，政府则会在市场上抛售农产品以平抑物价。这可使居民生活水平不致因物价大幅度上升而受到影响，在一定程度上避免以农产品为原料的工业制成品的价格急剧上涨，使农业人口的收入相对减少，使经济运行回到比较合理的水平。

二、货币政策

货币政策（monetary policy）是一个国家的货币当局为了实现特定的经济目标，有意识地对该国的货币供给量进行调节，并以此来影响宏观经济的总体运行水平。常用的有三大政策工具。

1. 法定存款准备金率

各国中央银行为了维护金融系统的正常运行，都会要求商业银行吸收存款后留有一定比率的现金，以应付随时可能发生的客户提款要求。其持有现金的比率就是法定存款准备金率。存款准备金率发生变化，商业银行的贷款规模则要随之调整。中央银行通过改变法定存款准备金率来控制货币供给量，实现对经济总体运行的调节。经济繁荣时，中央银行提高法定存款准备金率，使商业银行保留更多的现金，缩小贷款规模，令货币供给量减少，总需求受到抑制，避免经济出现过度膨胀。萧条发生时，中央银行降低法定存款准备金率，使商业银行可以扩大贷款规模，货币供给量增加，刺激总需求增大。

2. 再贴现率

在日常经济活动中，若公司、企业暂时出现资金周转困难，可向商业银行申请贷款。而商业银行发放贷款时，往往要求对方以自己持有的一些未到期票据作为抵押，这种做法就是贴现。

与此相似，若商业银行出现头寸不足的情况，可向中央银行申请贷款，同时要将持有的未到期票据（主要是政府债券）作为抵押，中央银行按一定比率从票据面额中扣除贴现息后，将余额作为贷款发放给商业银行。中央银行对商业银行的贷款利息率，就是再贴现率。中央银行通过对再贴现率的调整来影响商业银行向中央银行申请贷款的规模，从而影响货币供给量。

经济萧条时，中央银行会降低再贴现率，使商业银行为得到中央银行贷款所付出的成本降低，刺激商业银行申请更多的贷款，带动货币供给量增加，社会总需求扩大，达到克服萧条的目的。

经济繁荣时，中央银行会提高再贴现率，以此抑制商业银行从中央银行获得贷款，使经济不致出现过度膨胀。由于商业银行对外贷款的利息率总是略高于再贴现率，一旦中央银行改变再贴现率，商业银行的贷款利息率就会很快地发生相应的变化，使社会总需求与国民产出水平受到影响。

3. 公开市场业务

公开市场业务是指一国中央银行通过在公开市场（即金融市场）上向公众买进或卖出以政府债券为主的有价证券，来调节货币供给量，进而影响总需求的一种做法。

在经济萧条时，中央银行要在公开市场上收购政府债券，从而使社会上的货币供给量增加。应特别注意的是，由于中央银行收购的债券主要来自商业银行，中央银行付出的货币就成为商业银行增加了的存款，在银行系统货币创造乘数的作用下，整个银行系统增加的货币供给量会大大超过中央银行所付出的货币的数量，使中央银行降低市场利息率的目标得以实现。

在经济膨胀时，中央银行要在公开市场上发行债券、回笼货币，使居民手中可支配的货币减少、商业银行手中的信贷资金也减少，并在货币创造乘数的作用下使社会货币供给规模更大幅度地缩小，借此提高市场利息率，达到抑制社会总需求、促使经济运行恢复到正常水平的目的。

以上三种货币政策的主要工具，既可以单独使用，也可以相互配合使用，以实现既定的经济目标。

三、财政政策与货币政策的协调与配合

政府进行宏观调控时，往往不是单一地采用某种政策，而是根据经济形势综合运用两种政策达到宏观调控目标。财政政策和货币政策都可以调节总需

求，政府常常把两种政策搭配起来使用。财政政策和货币政策的搭配方式不同，产生的政策效果就不同，适用的经济环境也不同。政府在混合使用财政政策和货币政策时，必须统筹兼顾。具有代表性的配合模式主要有：

1. "双紧"的财政与货币政策

"双紧"的财政与货币政策是指财政政策和货币政策同时紧缩，财政增收减支形成盈余或减少赤字，银行收紧银根，缩小信贷规模以减少货币供应量。其政策效果表现为社会总需求受到抑制，经济发展速度受到影响。其适用条件是：当经济出现需求膨胀，投资增速过快，物价迅速上升，出现经济过热现象。

2. "双松"的财政与货币政策

"双松"的财政与货币政策是指财政政策和货币政策同时扩张，财政减收增支形成赤字或减少盈余，银行放松银根，扩大信贷规模，增加流通中的货币供应量。其政策效果表现为社会总需求快速增长，并以此推动经济发展。其适用条件是：经济系统中大部分企业开工不足，失业严重，市场疲软，经济增长乏力。

3. "松紧"搭配的财政与货币政策

"松紧"搭配的财政与货币政策，包括紧缩性财政政策和扩张性货币政策、紧缩性货币政策和扩张性财政政策两种形式。该类政策主要是在兼顾宏观调控总量目标的同时，实现宏观调控的结构性目标。至于在调节中谁松谁紧，则要根据供求矛盾的具体表现，结合财政政策和货币政策各自的功能优势来选择。

在投资需求过旺而消费需求不足的情况下，选择松财政、紧货币的配合模式。通过财政减税让利等措施来增加企业和个人的需求，增加其对消费品的购买力，通过扩大政府财政支出来扩大政府消费需求。这种松财政引起的赤字，要靠缩小信贷规模等紧的货币措施来弥补。

在投资需求不足、消费需求过旺的情况下，选择紧财政、松货币的配合模式。通过扩大信贷规模等措施来刺激投资需求，同时通过压缩财政支出来收缩消费需求。在采取减支增税的财政政策措施的同时，采用扩大货币供应量的货币政策措施。这种政策搭配模式比较适用于财政赤字较大与总需求不足并存的情况。

4. 中性的财政与货币政策

中性的财政政策与货币政策是指财政收支保持基本平衡，货币供应量与经济增长速度大体一致的配合模式。其政策效果表现为社会总供求基本平衡，物价和利率水平稳定，国民经济增长速度适度。其适用条件是：经济发展适度，居民收入稳定增长，消费品价格基本稳定，利率水平也大体稳定，市场经济秩序良好。

近年来中国内地宏观调控政策回顾

2003 年，实施积极的财政政策和稳健的货币政策，主要是基于保持宏观政策连续性和国民经济发展的内在需要。2003 年初发生的 SARS 疫情，使得二季度经济增长明显放缓，但总体来看，上半年经济仍保持了较好的增长势头。下半年部分行业从疫情受损中逐步恢复，全年经济增长保持良好态势。

2004 年，继续实施稳健的货币政策，从积极财政政策开始向稳健的财政政策转型。2004 年上半年通货膨胀压力较大，CPI 和 PPI 反弹并回升。抑制政府所主导的投资膨胀。

2005 年，继续实施稳健的财政政策和货币政策。通货膨胀压力依然较大。

2006 年，继续实施稳健的财政政策和货币政策。央行明确提出物价上行风险大于下行风险，原因是上游产品、资源、劳动力成本、大宗商品价格的推动以及社会流动性过剩。

2007 年，继续实施稳健的财政政策，货币政策逐步从“稳健”转为“从紧”。央行 6 次加息、10 次调整法定存款准备金率，防止经济过热。

2008 年，实施从紧的货币政策和稳健的财政政策。主要是针对投资增长幅度过大、货币和信贷增长过快、外贸的顺差增长过快的问题。控制物价上涨是首要任务。

2008 年底，为应对全球金融危机，宏观调控政策作出重大调整：财政政策从“稳健”转为“积极”，货币政策从“从紧”转为“适度宽松”。安排 4 万亿元资金强力启动内需，一揽子经济刺激计划大幕就此拉开。

2009 年，实施积极的财政政策和适度宽松的货币政策，应对金融危机的冲击。“家电、汽车下乡”、“以旧换新”等一系列刺激消费政策陆续出台。

2010 年，继续实施积极的财政政策的同时，将实施稳健的货币政策。财政与货币政策由过去两年来的“积极与适度宽松”搭配变为“积极稳健”相配。

2010年底闭幕的中央经济工作会议提出，2011年宏观经济政策的基本取向是积极稳健、审慎灵活。

以上宏观经济政策的变化反映出宏观调控“逆经济风向行事”的特征。

本章小结

本章介绍了国民经济循环和经济总量，总需求与总供给的失衡及宏观调控的必要性，宏观调控的目标与手段，两种宏观经济政策即财政政策与货币政策。

理解国民经济运行，必须了解经济运行的循环过程。国民经济循环可从两部门模型、三部门模型、四部门模型分别考察。GDP是衡量一个国家（或地区）经济发展最主要的经济指标，它有三种核算方法：生产法、收入法、支出法。

在国民经济循环过程中，各部门的活动形成总需求与总供给。总需求与总供给失衡，会对经济造成负面影响，依靠市场机制的自我调节比较缓慢，因此需要宏观调控。

宏观经济政策的主要目标包括经济增长、充分就业、价格稳定与国际收支平衡。宏观调控的经济政策主要包括财政政策与货币政策。财政政策主要包括财政支出政策与财政收入政策。货币政策的三大政策工具是：法定存款准备金率、再贴现率、公开市场业务。

本章主要概念

GDP；GNP；生产法；收入法；支出法；总需求；总供给；宏观调控 ；充分就业；国际收支平衡；财政政策；自动稳定器；货币政策 ；法定存款准备金率；再贴现率；公开市场业务

思考题

（1）简单介绍一下国民经济各部门的经济循环模型。

（2）计算GDP的方法有哪几种？中国内地地区近几年GDP、人均GDP是多少？香港特别行政区GDP、人均GDP是多少？两地这些指标的差异说明了什么？

（3）总供给与总需求失衡会造成什么影响？

（4）宏观调控的主要目标是什么？

(5) 什么是财政政策？具体内容是什么？
(6) 什么是货币政策？具体内容是什么？
(7) 财政制度的自动稳定器包括哪些内容？
(8) 财政政策与货币政策如何协调配合使用？
(9) 你对你所生活过的国家或地区的宏观经济政策了解吗？

参考文献

[1] 高鸿业：《西方经济学》，中国人民大学出版社 2007 年版。
[2] 尹伯成：《西方经济学简明教程》，格致出版社 2008 年版。
[3] 杨长江、石洪波：《宏观经济学》，复旦大学出版社 2007 年版。
[4] 曹家和：《宏观经济学》，北方交通大学出版社 2006 年版。
[5] 许纯祯、吴宇晖、张东辉：《西方经济学》，高等教育出版社 1999 年版。
[6] 阚宏、吕殿平：《经济学教程》，经济管理出版社 2005 年版。

第八章 经济增长与产业结构

经济增长是人类社会永恒的主题。产业结构与经济增长有着密切的关系，产业结构的演进会促进经济总量的持续稳定的增长，而后者也会推动前者的加速演进。本章介绍了经济增长与经济发展的内涵、影响因素；阐述了产业结构演变的规律以及影响经济社会可持续发展的因素。

第一节 经济增长

一、经济增长与经济发展

经济增长（economic growth）是指一国（或地区）在一定时期内所生产的产品和服务数量的增加。一般用国内生产总值（GDP）或国民生产总值（GNP）及其人均值来衡量该国（或地区）的经济增长。总量GDP可以反映一国（或地区）经济的总规模，人均GDP可以反映一国（或地区）经济的发展水平。

经济发展（economic development）的含义则广泛得多，除总量产出增长和人均产出增长外，还包含经济结构的变化（如产业结构的优化、消费结构的改善和升级），社会结构的变化（如文化教育程度的提高、寿命的延长、婴儿死亡率的下降），环境的治理和改善，收入分配的变化（如社会福利的增进、贫富差别的缩小）等，同时还伴随着社会政治体制、文化法律甚至观念、习俗的变革。

可见，经济增长是一个偏重于数量的概念，而经济发展是一个既包含数量又包含质量的概念。一般而言，经济增长是经济发展的前提和基础，是一切社会进步的首要条件，没有经济增长是很难有经济发展的。但有经济增长却不一定有经济发展。在经济增长速度很快的情况下，许多发展中国家并没有取得社会经济的普遍进步，出现了“有增长而无发展”的现象。

发展中国家与发达国家

世界各国根据其经济发展水平，通常可分为发达国家和发展中国家。发达国家，主要指1960年成立的经济合作与发展组织（OECD）的成员国，如美国、法国、英国、日本、德国、加拿大等。发达国家主要分布在欧洲、北美洲、大洋洲，亚洲只有日本。发展中国家，又称不发达国家或欠发达国家，是指政治上已独立，经济上比较贫穷，工业基础薄弱，人均国民生产总值较低的国家。绝大多数是第二次世界大战以后新独立的亚非拉国家，也包括东欧的一些国家。如中国、印度、巴基斯坦、越南等。目前，发展中国家与发达国家之间的经济存在相当大的差距。发达国家人口仅占世界人口不到30%，却拥有世界工业总产值超过80%；发展中国家人口占世界人口超过70%，但只拥有世界工业总产值不到20%。

亚洲四小龙

从20世纪60年代开始，亚洲的韩国、新加坡和中国台湾、中国香港推行出口导向型战略，重点发展劳动密集型的加工产业，在短时间内实现了经济的腾飞。所谓“东亚模式”引起全世界关注，它们也因此被称为“亚洲四小龙”。

金砖四国

传统“金砖四国”（BRIC）引用了巴西、俄罗斯、印度和中国的英文首字母。由于该词与英文中的砖（brick）类似，因此这四个国家被称为“金砖四国”。南非加入后，其英文单词为“BRICS”，并改称为“金砖国家”。一般认为，最早提出“金砖四国”这一概念的是美国高盛公司。2003年10月，高盛公司发表了一份题为“与BRICS一起梦想”的全球经济报告。报告估计，到2050年，世界经济格局将会经历剧烈振荡，全球新的六大经济体将变成中国、美国、印度、日本、巴西、俄罗斯。

二、经济增长的影响因素

经济增长是经济社会发展永恒的主题。如何促进经济增长亦是永恒的命题。影响经济增长的因素很多，既有土地、资本和劳动等物质投入要素，又有非物质因素，如技术进步、制度、对外开放。这些因素相互作用，相互影响，共同促进经济增长。

1. 土地

在经济学中，土地这一概念包括了所有自然资源，是为人们提供食物、为工业提供原料和市场的物质基础。在经济发展的早期阶段，土地的扩张是农业增长的前提条件，土地的质量能够显著地影响农业生产率的水平。土地的重要程度在不同社会是不同的，就现代经济发展的经验来看，以土地为代表的自然资源的丰富程度与经济发展水平没有直接的因果关系。日本、新加坡等国家虽然自然资源极其匮乏，但在过去的几十年中经济迅速增长，经济发展水平进入了现代化的行列。与此相反，非洲一些国家相当富足的自然资源却没有保证其经济上的富裕。因此，土地所代表的自然资源并不构成经济增长的充分条件。

2. 资本

在经济学中，资本是指在社会再生产过程中能够长期存在并发挥作用的生产物资，如机器、厂房、原料以及加工过程中的货物、存货。资本形成与储蓄有着密切关系，储蓄通过各种渠道转化为投资，形成经济发展所需的资本。资本是经济增长的基本动力之一。在一定条件下，只要增加资本的投入，即使不增加其他要素的投入，甚至减少其他要素的投入，也能够有效地增加经济系统的产出量并提高产品的质量。当然，资本稀缺并不是制约经济发展的决定性因素，资本积累和吸引外资也不是发展中国家实现赶超的灵丹妙药。历史经验表明，经济增长不仅依赖于资本投入的速度，而且依赖于这些投入的质量及其有效运用。

3. 劳动力

劳动力是最活跃的、最重要的生产要素，而此要素要发挥其作用则取决于人口素质。劳动力包含规模和素质两个指标。提高劳动力的知识水平、健康程度、纪律意识和操作技能，都会提高劳动生产率。对一个经济系统而言，一方面要调整劳动力使用结构，以求更好地利用劳动力，增加就业机会，尽可能地增加产出；另一方面要提高劳动力的使用质量，政府部门要加强对劳动者的教育和培训，提高劳动者技能，从而促进经济增长。

4. 技术进步

技术进步是指技术变动后，一个既定的产出可由较少的投入创造出来，或者用相同的投入可以得到更多的产出。技术进步对经济发展的推动作用十分显著，技术进步可以节约要素的投入，减少对自然资源的依赖，使产业多样化，丰富经济和社会活动。技术进步不仅引起经济总量的增长，还会使社会分工与协作得以深化从而促进经济结构的变动，其产业关联效应可以增加就业。技术上的任何一次革新，对社会经济的发展都起着巨大的推动作用。发展中国家与发达国家的差距，从表面上看是经济的差距，但实质上是科学技术水平的差距。

5. 制度

制度就是游戏规则。制度是影响一国经济发展的一个重要因素，有效率的制度可以促进经济增长和发展，无效率的制度则会抑制甚至阻碍经济增长和发展。美国发展经济学家舒尔茨（Theodore Schultz，1902—1998）认为，制度主要包括：用于降低交易费用的制度，如产权制度、期货市场管理制度等；用于影响生产要素所有者之间的配置风险的制度，如合约、公司、保险等；用于提供职能组织与个人收入流之间的联系制度，如财产制度、相关法律等；用于确定公共品与服务的生产与分配的制度，如公共场所、高速公路的管理制度等。这些制度的建立和完善，有利于降低交易成本、优化资源配置、促进社会稳定与市场健康发展。

6. 对外开放

在全球经济一体化趋势下，已经很难找到一个纯粹的“鲁滨逊式”的封闭经济体制了。国际贸易是经济发展的“发动机”。通过贸易，一方面可获取本国稀缺的资本品和消费品，为生产规模和产出的扩大创造有利条件；另一方面，可开辟国外市场，增加对国内产品的需求。同时，可以借鉴先进的生产方式、经济体制、管理思想、科学技术、竞争意识等。这不但可以促进经济结构的变化，还可以改善社会、文化和政治结构，提高经济发展水平。一国积极引进外资，可以解决储蓄不足、外汇短缺等问题，开展国际金融可以提高资本市场的运作效率，优化资本配置，从而加快资本积累，促进本国经济迅速增长与发展。

鲁滨逊的经济世界

鲁滨逊，出生于商人家庭，渴望航海，一心想去海外见识一番。他瞒着父亲出海，第一次航行就遇到大风浪，船只沉没，他好不容易才逃出保住性命。第二次出海到非洲经商，赚了一笔钱。第三次出海他又遭不幸，被摩尔人俘获，当了奴隶。后来他划了主人的小船逃跑，途中被一艘葡萄牙货船救起。船到巴西后，他在那里买下一个庄园，做了庄园主。他不甘心于这样的发财致富，又再次出海，到非洲贩卖奴隶。

船在途中遇到风暴触礁，船上的水手、乘客全部遇难，唯有鲁滨逊一个人幸存下来，只身漂流到一个杳无人烟的孤岛上。他用沉船的桅杆做了木筏，一次又一次地把船上的食物、衣服、枪支弹药、工具等运到岸上，并在小山边搭起帐篷定居下来。接着他用削尖的木桩在帐篷周围围上栅栏，在帐篷后挖洞居住。他用简单的工具制作桌、椅等家具，猎野味为食，饮溪里的水，渡过了最初遇到的困难。

第二节 产业结构

一、产业分类

产业是具有某种同类属性的、具有相互作用的经济活动的集合或系统。产业分类主要有两大部类分类法、三次产业分类法、资源密集度分类法和国际标准产业分类。

两大部类分类法。按生产活动的性质及其产品属性对产业进行分类。按生产活动性质，把产业部门分为物质资料生产部门和非物质资料生产部门两大领域，前者指从事物质资料生产并创造物质产品的部门，包括农业、工业、建筑业、运输邮电业、商业等；后者指不从事物质资料生产而只提供非物质性服务的部门，包括科学、文化、教育、卫生、金融、保险、咨询等部门。

三次产业分类法。根据社会生产活动历史发展的顺序对产业进行分类。产品直接取自自然界的部门称为第一产业，对初级产品进行再加工的部门称为第二产业，为生产和消费提供各种服务的部门称为第三产业。这是世界上较为通用的产业分类方法。

中国内地的三次产业划分

第一产业是农业（包括种植业，林业，牧业和渔业）。

第二产业是工业（包括采掘业，制造业，电力、煤气、水的生产和供应业和建筑业)。

第三产业是除第一、第二产业以外的其他各业。第三产业具体分为四个层次:

第一层次是流通部门，包括交通运输、仓储及邮电通信业，批发和零售贸易、餐饮业;

第二层次是为生产和生活服务的部门，包括金融、保险业，地质勘查、水利管理业，房地产业，社会服务业，农、林、牧、渔服务业，交通运输辅助业，综合技术服务业等;

第三层次是为提高科学文化水平和居民素质服务的部门，包括教育、文化艺术及广播电影电视业，卫生、体育和社会福利业，科学研究事业等;

第四层次是为社会公共需要服务的部门，包括国家机关、政党机关和社会团体以及军队、警察等。

资源密集程度分类法。根据劳动力、资本和技术三种生产要素在各产业中的相对密集度，可分为劳动密集型、资本密集型和技术密集型产业。劳动密集型产业是指在生产中主要依靠大量使用劳动力，而对技术和设备的依赖程度较低的产业。如农业、林业及纺织、服装、玩具、皮革、家具等制造业。资本密集型产业是指在单位产品成本中，资本成本与劳动成本相比所占比重较大，每个劳动者所占用的固定资本和流动资本金额较高的产业。如钢铁业、电子与通信设备制造业、运输设备制造业、石油化工、重型机械工业、电力工业等。技术密集型产业是指在生产过程中，对技术和智力要素依赖大大超过对其他生产要素依赖的产业。如微电子与信息产品制造业、航空航天工业、原子能工业、现代制药工业、新材料工业等。

国际标准产业分类。为使不同国家的统计数据具有可比性，联合国颁布了《全部经济活动的国际标准产业分类》(ISIC)，分为 A 到 Q 共 17 个部门，包括 99 个行业类别。这 17 个部门为：A、农业、狩猎业和林业；B、渔业；C、采矿及采石；D、制造业；E、电、煤气和水的供应；F、建筑业；G、批发和零售、修理业；H、旅馆和餐馆；I、运输、仓储和通信；J、金融中介；K、房地产、租赁业；L、公共管理和国防；M、教育；N、保健和社会工作；O、社会和个人的服务；P、家庭雇工；Q、境外组织和机构。

二、产业结构

产业结构（industrial structure）是指在国民经济中各产业的构成及各产业之间的联系和比例关系。产业结构高度化，也称产业结构高级化，是指一国产业结构重心由第一产业向第二产业和第三产业逐次转移的过程。产业结构高度化具体反映在各产业部门之间产值、就业人员等比例变动的过程上。

1. 产业结构变动规律

从世界范围来看，在经济发展过程中，一个国家或地区三次产业的结构变化一般具有以下规律：

第一产业的增加值和就业人数占国内生产总值（或国民生产总值）和全部劳动力的比重，在大多数国家呈不断下降的趋势。

第二产业的增加值和就业人数占国内生产总值（或国民生产总值）和全部劳动力的比重，在20世纪60年代以前大多数国家都是上升的，但进入60年代以后，美、英等发达国家的比重开始下降，其中传统工业的下降趋势尤其明显。

第三产业的增加值和就业人数占国内生产总值（或国民生产总值）和全部劳动力的比重，各国都呈上升趋势。20世纪60年代以后，发达国家的第三产业发展更为迅速，所占比重都超过了60%。

从三次产业比重的变化趋势中可以看出，世界各国在工业化阶段，工业一直是国民经济发展的主导部门。在完成工业化之后逐步向“后工业化”阶段过渡，高技术产业和服务业日益成为国民经济发展的主导部门。

2. 工业内部结构变化规律

从工业内部结构变化看，工业化经历了三个阶段：第一个阶段是以轻工业为中心的发展阶段。如英国等欧洲发达国家的工业化过程是从纺织、粮食加工等轻工业起步的。第二个阶段是以重化工业为中心的发展阶段。在这个阶段，化工、冶金、金属制品、电力等重化工业都有了很大发展，但发展最快的是化工、冶金等原材料工业。第三个阶段是工业高加工度化的发展阶段。在重化工业发展阶段的后期，工业发展对原材料的依赖程度明显下降，机电工业的增长速度明显加快，对原材料的加工链条越来越长，零部件等中间产品在工业总产值中所占比重迅速增加，工业生产出现“迂回化”特点。加工度的提高，使产品的技术含量和附加值大大提高，而消耗的原材料并不成比例增长，工业发展对技术装备的依赖大大提高，深加工业、加工组装业成为工业内部最重要的产业。以上三个阶段，反映了传统工业化进程中工业结构变化的一般情况，但并不意味着每个国家、每个地区都能完全按照这种顺序去发展。

3. 农业内部结构变化规律

随着农业生产力的发展，种植业的比重呈下降趋势，但其生产水平日益提高；畜牧业的比重逐渐提高；林业日益从单纯提供林产品资源转向注重其环境生态功能，保持和提高森林覆盖率越来越受到重视；渔业日益从单纯依靠捕捞转向适度捕捞、注重养殖，其比重稳步上升。

三、产业关联

在经济活动中，各产业都需要其他产业为自己提供各种产出，同时又把自己的产出提供给其他产业进行消费使用。正是由于这种错综复杂的供给与需求的关系，各产业在经济活动中才得以生存和发展；反之，若某一产业没有其他产业为其提供各种要素供给，或其产出不能满足其他产业的消费需求，该产业是不可能长期生存下去的。

产业关联是指产业间以各种投入品和产出品为连接纽带的技术经济联系。这种技术经济联系，可以是实物形态的，也可以是价值形态的。如在长流程的炼钢工艺中，炼钢业向炼铁业提出了消费需求，同时又向轧钢业提供了下道工序所需生产要素的供给。产业间的关联方式分为以下几类：

前向关联是通过提供供给与其他产业部门发生的关联。当甲产业在经济活动过程中需吸收乙产业的产出时，对于乙产业来说，它与甲产业的关系便是前向关联的关系。对钢铁业来说，它与汽车制造业的关联是前向关联。

后向关联是通过自身的需求与其他产业部门发生的关联。当丙产业在经济活动过程中向乙产业提供了产出，则对乙产业来说，它与丙产业的关系便是后向关联的关系。对钢铁业来说，它与煤炭采掘业的关联是后向关联。

环向关联。经济活动中，各产业依据前、后向的关联关系组成产业链，而此产业链又通过复杂的技术经济联系往往又会形成一个“环”。这称为产业的环向关联。如煤炭采掘业→钢铁冶炼业→设备制造业→煤炭采掘业。

第三节　可持续发展

一、可持续发展思想的起源与形成

经济增长与经济发展是不是可持续的，关乎一个国家（或地区）的未来。

因此，在经济增长与经济发展过程中，要处理好当代和未来的关系。可持续发展（sustainable development）的思想主要经历了三个阶段。

第一阶段：酝酿时期（20 世纪 20 年代至 60 年代）。一些注重生态、环境、资源对人类生活影响的理论先行者，提出了不少与可持续发展有关的见解。苏联科学家维尔纳茨基（Vernadski，1863—1945）在 20 世纪 40 年代系统论证了生物圈在人类生活中的地位。美国学者威廉·福格特（William Vogt，1902—1968）论证了人口与资源之间平衡的极端重要性。

第二阶段：形成时期（20 世纪 60 年代至 80 年代末）。在西方国家，人们密切关注工业污染、资源利用、人与自然的关系等问题，并对工业文明的发展模式和伦理价值观念进行反省，可持续发展观初步形成。1972 年 6 月，113 个国家和地区的代表召开了一次历史性的会议，即联合国人类环境会议，会议通过了两个著名文件，即《人类环境宣言》与《只有一个地球》。

第三阶段：确立时期（20 世纪 80 年代末至 90 年代初）。可持续发展观的确立，以三个重大事件为标志：一是 1987 年世界环境与发展委员会（WCED）起草的报告《我们共同的未来》获得通过并出版；二是 1991 年联合国环境规划署、世界自然保护同盟和世界野生生物基金会共同编著的《保护地球可持续生存战略》一书的出版；三是 1992 年 6 月在巴西里约热内卢召开的联合国环境与发展会议。现在国际社会公认的可持续发展概念的权威界定和可持续发展观的系统论述，以《我们共同的未来》为最佳。该报告对“可持续发展”作出了经典性的界定：“可持续发展是既满足当代人的需要，又不对后代人满足其需要的能力构成危害的发展。”它强调可持续发展的持续性、共同性、公正性。持续性意味着人类的经济和社会发展必须以资源和环境的承受力为限度；共同性意味着人类面临的生存挑战是共同的，因此要求采取共同的行动，走向共同的未来；公正性意味着满足需求与利益、利用资源的双重公正，即代际公正与代内公正。

罗马俱乐部与《增长的极限》的出版

1968 年，来自西方不同国家的约 30 位企业家和学者聚集在罗马，共同探讨关系全人类发展前途的人口、资源、粮食、环境等一系列问题，对原有经济发展模式提出质疑。这批人士的聚会后来被称为罗马俱乐部。其研究小组出版了研究成果——《增长的极限》（*The Limits to Growth*）。

其主导思想从该书的副标题“罗马俱乐部关于人类困境的报告”

上看便一目了然。全书从人口、农业生产、自然资源、工业生产和环境污染等几个方面阐述了人类发展过程中，尤其是产业革命以来，经济增长模式给地球和人类自身带来的毁灭性的灾难，证明了传统的经济发展模式不但使人类与自然处于尖锐的矛盾之中，并将会继续不断受到自然的报复。该书还指出“改变这种增长趋势和建立稳定的生态和经济的条件，以支撑遥远未来是可能的”，而且，“为达到这种结果而开始工作得愈快，他们成功的可能性就愈大”。《增长的极限》和罗马俱乐部一起成为环境保护史上的一座里程碑。

二、影响可持续发展的因素

人口、资源、环境是影响可持续发展最重要的因素，它们之间是相互影响和相互制约的。

1. 人口与可持续发展

人口数量。人口作为一种抽象概念，是生产者和消费者的统一。在特定条件下，人口可成为社会经济发展的推动力，但如果条件改变了，它就会阻碍经济增长。人口增长要保持一个适度的速度，人口总量也要保持适度；当人口增长过快时，要加以控制，相反，则要实施鼓励人口增长的政策。

人口素质。人口对经济增长的推动力主要来自人口的素质，包括体力素质、智力素质、文化素质、科学素质、道德素质等。人口素质的高低、优劣关系着一个国家、民族的可持续发展的程度、规模和潜力。

人口结构。人口结构主要指人口的年龄和性别结构，通过人口结构可以反映出一个国家基本的社会和经济状况。其中，年龄是最重要的因素。当出生率大大超过死亡率时，人口中的青少年比例大，人口在较短的时间内快速增加。当出生率与死亡率接近时，青壮年人口的比重中等偏上，人口数量会保持在一个较为稳定的状态中。当出生率略低于或等于死亡率时，老年人所占比例较大，并且会越来越大，人口趋于老龄化和减少，这会导致劳动力的缺乏，同时，养老保险、医疗等社会负担也会加重。

2. 资源与可持续发展

资源是人类生存的基础物质条件，是保障经济社会可持续发展不可缺少的物质基础。1995 年世界银行在评估世界各国的财富时，改变了以往单纯以国内生产总值或国民生产总值来衡量的做法，从自然资本、产出资本、人力资本和社会资本四个方面来综合计算国家的财富。

资源丰度制约着经济发展速度。自然资源的丰度包含数量和质量两个方面。丰富优质的自然资源能够保障经济持续、快速、稳定增长，从而使得整个社会经济发展有一个稳定的物质基础；反之，自然资源短缺，开发利用难度大，质量差，经济发展就会受到严重限制，整个社会经济系统也会受到较大的影响。

3. 环境与可持续发展

环境问题已经成为影响人类可持续发展的重大问题。环境污染和生态破坏造成的经济损失巨大。据估计，工业化国家污染损失占其 GNP 的 1% ~5%，发展中国家环境损害成本约占其 GNP 的 5%。生态环境破坏严重威胁生物生存，直接导致生物资源和生物多样性锐减，遗传资源丧失，危及产业发展。环境污染还会对人体健康造成直接伤害。

国际贸易领域的环境问题越来越引起人们的关注。随着公众环境意识普遍增强，发达国家环境标准不断提高。有些发达国家以环境保护为名，在贸易领域设置绿色壁垒。发展中国家许多环境标准与发达国家相比处于较低水平，许多工业产品和农产品在生产、包装、使用等各个环节缺乏环境标准，严重影响了产品的国际竞争力。

日本经济发展之谜

日本国土总面积约相当于俄罗斯的 1/45，中国和美国的 1/25。日本资源严重贫乏，几乎没有铀，石油、煤炭、天然气极少，矿产资源也不丰富，很多资源依赖进口。二战后的日本曾一蹶不振，经济萧条，生产力落后，人民生活水平低下。但短时间内，日本经济便得以恢复，并迅速实现经济现代化。

战后初期日本实行的民主改革，推动其社会经济结构发生了较大的变化，也对社会生产关系作了局部调整，建立起适应当代经济发展的民主制度和有利于运用现代化管理手段的企业组织形式与管理体制，从而将国民中蕴藏的劳动智慧和创造力激发出来，成为推动社会经济高速发展的基础动力。

日本自明治维新以后就一直非常重视教育，1872 年政府颁布了全国统一的学制，强制推行小学义务教育。1947 年将义务教育的范围扩大到初中，20 世纪 70 年代中期基本普及了高中教育。政府教育经费支出在国民收入中的比重逐步上升，50—60 年代在 5% 左右，70 年代上升到 6% ~7%，1980 年达到 7.2%。政府根据不同时期经济结构的发展变化，调整教育重点。在经济恢复时期，为了提高劳动者的文化素质，把普及初等义务教育作为重点；50 年代后期和 60 年代，国家大力发展重化工业，就把培养中级技术人才作为教育发展的重点；70 年代以后，日本产业结构从资本密集型的重化工业转向知识密集型产业，政府又把培养能自主开发新技术的高级人才和熟练运用新兴技术的中级人才作为教育的重点。日本长期坚持“教育先行”的战略，为经济发展提供了人才资源的保障。

政府一方面采取引进国外先进技术的方针，另一方面确立“贸易立国”的战略，积极有效地开拓国际市场，扩大进出口贸易，加强资本输出。在引进先进技术方面，政府重视世界科技发展的最新动向。日本引进技术是根据本国经济发展的条件和实际需要，有选择、有重点地进行的。20 世纪 50 年代中期以前，国家处于经济恢复时期，主要引进电力、钢铁、汽车、造船、机械制造等基础产业部门的传统成套设备和技术。从 50 年代中期以后，尤其是 60 年代初开始，逐渐转向以购买专利为主来引进新兴技术。从 70 年代中期开始，为了实现从资本密集型向技术和知识密集型产业转变，又以引进尖端技术为主。为了对引进技术进行吸收改造，日本企业不惜花费巨额资金，吸引优秀人才，在仿造的基础上博采众长，改革创新。

坚持推行高积累、高投资和强化资本积累的政策，实现低成本高效益的运行机制。战后日本工人的工资水平与西方发达国家相比是最低的，而且增长速度远远低于劳动生产率。相反，受文化传统的影响，日本民众的家庭储蓄率与西方发达国家相比却是最高的，由家庭储蓄形成的投资约占社会投资总额的 1/3。此外，政府也进行巨额投资，60 年代政府投资占到国内投资总额的 24% 左右，70 年代这一比例上升到约 30%。私人投资和国家投资两者相加，使全国固定资本形成总额从 1955 年的 17 030 亿日元猛增到 1985 年的 875 610 亿日元，30 年内增长了约 50 倍。固定资本形成总额占国内生产总值的比重，长期保持在1/3左右，高于其他发达国家。资本的投资效率也一直高于欧美发达国家。在高效益的前提下，急剧增长的投资推动了日本经济的迅速发展。

本章小结

经济增长是一个偏重于数量的概念，经济发展是一个既包含数量又包含质量的概念。一般而言，经济增长是经济发展的前提和基础，是一切社会进步的首要条件，一般用国内生产总值或国民生产总值来衡量一国（或地区）的经济增长。影响经济增长的因素有很多，主要有土地、资本和劳动等物质投入要素，还有一些非物质因素，如技术进步、制度、对外开放等。

产业是具有某种同类属性的、具有相互作用的经济活动的集合或系统。产业结构是指各产业的构成及各产业之间的联系和比例关系。在经济发展过程中，三次产业的结构变化一般具有以下规律：第一产业的增加值和就业人数，占国内生产总值（或国民生产总值）和全部劳动力的比重，在大多数国家呈不断下降的趋势。第二产业的增加值和就业人数，占国内生产总值（或国民生产总值）和全部劳动力的比重，在20世纪60年代以前大多数国家都是上升的，但进入60年代以后，美、英等发达国家的比重开始下降，其中传统工业的下降趋势尤其明显。第三产业的增加值和就业人数占国内生产总值（或国民生产总值）和全部劳动力的比重，各国都呈上升趋势。

可持续发展是既满足当代人的需要，又不对后代人满足其需要的能力构成危害的发展。人口、资源、环境是影响可持续发展最重要的因素，而且这些因素相互影响、相互制约。

本章主要概念

经济增长；经济发展；产业结构；产业关联；可持续发展

思考题

(1) 经济增长与经济发展的区别与联系是什么？你能举几个例子来说明吗？

(2) 影响经济增长的主要因素有哪些？

(3) 三次产业结构演进的基本规律是什么？

(4) 为什么要树立可持续发展的理念？

(5) 你参观过企业吗？你对所参观企业的产业属性了解吗？这个企业的环保措施如何？

(6) 你对人口老龄化问题有什么生活体验和思考？你了解中国内地独生子女的政策吗？可以向你的内地同学了解这方面的情况，并思考这对中国内地经济发展会产生什么影响。

参考文献

[1] 张维庆、孙文盛、解振华:《人口、资源、环境与可持续发展干部读本》，浙江人民出版社 2004 年版。

[2] 范金、郑庆武、梅娟：《应用产业经济学》，经济管理出版社 2004 年版。

[3] 陈宗胜:《从贫困迈向富裕》，复旦大学出版社 2000 年版。

[4] 陈德华、王裕国、程民选:《论经济增长方式的转变》，西南财经大学出版社 1997 年版。

[5] 周天勇:《新发展经济学》，中国人民大学出版社 2006 年版。

第九章 经济全球化与对外开放

自20世纪80年代开始，世界经济发展中出现的一个重要现象是全球经济以前所未有的速度紧密联系在一起，即经济全球化的速度大大加快了。什么是经济全球化？经济全球化的成因和实质是什么？本章将回答这些问题，并且阐述在经济全球化的趋势下，积极发展市场经济，坚持对外开放，通过参与国际贸易和国际经济合作，在竞争中谋求本国经济的发展。

第一节 经济全球化

全球化（globalization）是20世纪80年代中期开始出现的一个术语，如今已经成为世界上最热门的话题之一。或者说，全球化已经成为一种事实。几十年来，国际经济发生的巨大变化，可用“经济全球化”一词来概括，这表现为商品、服务、技术和资本在世界范围内生产、消费和投资领域中的扩散。

一、经济全球化的含义

经济全球化（economic globalization）是指生产要素跨越国家（或地区）边界在全球范围内广泛流动，从而使世界各国（或地区）经济在各个层面上不断相互渗透、相互交织并相互依存、相互融合，实现资源优化配置的过程。

经济全球化是生产社会化跨越国界在全球范围内展开的一种趋势，是各种生产要素特别是资本为追求最大收益而在全球范围开拓市场和优化配置资源进行开发、生产和营销的必然结果，并最终表现为市场、生产、投资、金融和科技等活动跨越国界的不断发展过程。

经济全球化意味着经济资源跨越国界在全球范围内流动。经济资源在全球范围内的流动是全面的，包括商品、劳务、资本、技术等各种资源在内，并且流动速度不断加快，规模不断加大。其结果是，人类可以利用全球资源生产产品和服务。

想一想：

我们乘坐的飞机和汽车是怎样生产出来的？

经济全球化意味着世界各国经济相互联系和相互依存程度不断深化，世界经济发展与各个国家经济发展相互影响和相互制约。一方面，一国国民经济的发展状况，会深受外部世界经济发展变化的影响和制约；另一方面，一国国民经济的发展状况，也对世界经济发展变化产生影响和制约。

全球化的飞机

波音飞机，凝结了美洲、欧洲、亚洲人的集体智慧和辛劳。它在华盛顿和日本设计，在西雅图组装，尾部整流器来自加拿大，机尾部分产于意大利，发动机则由英国制造，中国参加了部分零件生产。波音飞机的很多部件都体现了大范围的合作。如波音 747 飞机含有约 450 万个零部件，而这些零部件来自近 10 个国家的 1 000 多家大企业和 15 000 多家小企业。波音飞机现在只有 30% 的部件是在美国本土生产的。所以波音飞机是全球化的飞机。

通用汽车的销售收入流向何方

美国克林顿政府的一位官员曾经举了这样的一个例子：有个美国人向通用汽车公司购买了一辆勒曼兹车，他在无意间促成了一系列国际交易。在他付给通用汽车公司的 1 万美元中，有近 3 000 美元付给了韩国，作为例行劳动和装配工作的报酬；1 850 美元付给了日本，用于购买先进的部件（发动机、驱动桥和电子设备）；700 美元付给德国，作为车的款式与设计工程的费用；400 美元付给了中国台湾、新加坡和日本，用以购买小零件；250 美元付给了英国，作为广告及营销服务的费用……

二、经济全球化的产生

15 世纪末，美洲新大陆的发现，开启了经济全球化的大门。18 世纪中叶，英国发生的产业革命，推动了经济全球化的初步形成。产业革命时期，大机器工业代替工厂手工业，大工业建立了由美洲新大陆被发现所准备好的世界市场。世界市场使商业、航海业和陆路交通得到了巨大发展。世界市场的建立是经济全球化进程中的第一次高潮，是经济全球化的初级阶段。

19 世纪 70 年代以后，资本主义国家在生产加速发展和集中的基础上，从自由竞争向垄断过渡，并于 20 世纪初期完成这一过渡。大量输出商品和资本成为这一时期垄断资本主义的基本经济特征。资本主义国家对外经济活动空间更加宽广，对外经济关系进一步加强。

20 世纪前 50 年，两次世界大战和大萧条给世界经济造成极大的破坏，是经济全球化过程中的大曲折。第二次世界大战以后，世界银行（WBG）、国际货币基金组织（IMF）及关税和贸易总协定（GATT）等国际性组织相继建立；国际贸易、国际金融、国际投资等迅速扩大；跨国公司迅速发展。这标志着世界经济真正开始向全球化过渡。

20 世纪 80 年代以后，世界各种类型的国家都开始建立和发展市场经济，大力推进经济改革，世界贸易和资本流动的壁垒逐步被削弱，经济自由化成为可能。随着第三次科技革命和信息产业的发展，经济呈现出信息化特征。这些条件的成熟促使世界经济进入全球化的新阶段。

总之，全球化从 15 世纪末美洲新大陆的发现开始，经历了若干阶段，最终于 20 世纪 80 年代末期或 90 年代初期进入全球化阶段。而 21 世纪则是经济全球化不断发展、不断深化的时期。

三、经济全球化的表现

1. 贸易全球化

国际贸易是经济全球化的根本推动力。从 19 世纪起，国际贸易的增长速度基本上快于生产的增长。1820 年至 1992 年间，世界贸易增长了 540 倍，而同期世界生产只提高了 40 倍。从贸易结构看，早期以商品贸易为主的格局正在被打破，服务贸易异军突起。从贸易格局看，发达国家继续占据主导地位，但发展中国家在世界贸易中所起的作用越来越大。据世界贸易组织（WTO）预测，目前发展中国家的贸易额约占世界贸易总额的 1/3；到 2020 年，其贸易额将超过世界贸易总额的一半。从贸易形式看，外国直接投资和跨国公司正在重组国际贸易，70% 以上的国际贸易是通过产业内部或公司内部进行的。

2. 金融全球化

国际贸易的发展和国际分工的深化，对国际金融的发展提出了更高的要求。信息技术的飞速进步，使货币电子化进程大大加快。随着解除金融管制运动的兴起和信息革命的发生，金融交易逐渐跨越了政策和地理的障碍，把世界连接为一体。自 20 世纪 70 年代后期以来，全球金融市场从规模和衍生交易到新工具等方面都快速发展。巨额资金的交易流动，使越来越多的国家金融市场对内对外的分割性都大大降低，资金流动完全超越了时空界限。目前，全球外汇日交易量已经超过 2 万亿美元，每天约有 10 万亿美元在全球流动，国际资本流动与国际贸易之间的比例接近于 70：1。金融全球化，不仅意味着资本流动的全球化、金融证券市场的全球化、融资的全球化，同时，也意味着金融机构的跨国化和金融信息的全球化。

3. 生产全球化

经济全球化的一个重要特征是生产、销售、商品与服务市场变得越来越国际化。其中，跨国公司是经济全球化的主角，是对外直接投资发展的主要推动力。目前，世界上最大的跨国公司的海外销售额已经超过一些中等收入国家的国内生产总值。跨国公司以本国（母国）为基地，把全世界作为企业活动的舞台，组织国际化生产和经营，在世界范围内组织专业化分工和协助，国际分工由此而转为企业内部分工；实行多元化经营，从生产到销售，从贸易到金融，从制造业到服务业，囊括一切领域。随着跨国公司日益发展，世界市场已经由跨国公司组织起来，变成了一个有机联系的整体。过去那种由“国家生产”的产品，现在正在变成“公司生产”的产品。随着生产的日益全球化，真正意义上的全球化产品越来越多。可以说，跨国公司是经济全球化的微观基础。

4. 组织全球化

在经济全球化过程中，生产要素从一国走向全世界，尤其是跨国企业的生产经营活动已经打破了传统的国家、地域界限，客观上要求在一个更广泛的范围内制定和实施全球经济贸易活动规则与机制安排。第二次世界大战结束后，在美国的倡导下，为了重建被战争破坏的世界经济秩序，加强国际经济协调和合作，先后成立了国际货币基金组织、国家复兴开发银行（世界银行）和关税贸易总协定（现为世界贸易组织）。它们制定国际货币、国际金融、国际贸易的统一规则，对成员国经贸活动进行调节。它们制定的超国家、超制度、超意识形态的国际规则，对世界经济的运行起着规范作用，为经济全球化奠定了组织基础和法律框架。

第二节　市场经济与对外开放

经济全球化的实质是生产社会化跨越国界在全球范围内展开。这要求生产要素在国家内部可以自由流通，要求实行市场经济。资源要跨出国门到世界市场上寻求发展机会，要求实行对外开放，让资源在世界市场上自由配置。

一、市场经济的开放性

市场经济的开放性是指经济系统面临的内部市场与外部市场不是封闭的，而是相互联系、相互影响的。

在市场经济条件下，企业为消费者而生产和经营。哪里有消费者，商品就会自动流向哪里。随着商品经济的发展，市场范围不断扩大，开始是地方市场，后来是国内市场，最后是国际市场。开放性是市场经济的要求和内在属性。比如，日本有多家汽车公司在美国设厂，产品不但在美国销售，还销往欧洲和日本；美国通用汽车公司是日本五十铃公司最大的股东；福特汽车拥有马自达公司的股份；克莱斯勒公司与三菱汽车公司成立了合资公司。这表明，商品生产者面对全球竞争，竞争和开放能促进不同生产者优势互补。

在经济全球化的今天，如果资源只能在一国之内进行配置，必然导致效率损失。随着国际分工的细化，整个世界市场的联系越来越紧密，要达到资源的最有效利用，就必然要求对外开放。

二、贸易与比较优势

市场经济的开放性首先是由贸易来体现的，其理论基础在于绝对优势与比较优势。

绝对优势（absolute advantage）是指如果一个国家用一单位资源生产的某种产品比另一个国家多，那么这个国家在这种产品的生产上与另一国相比就具有绝对优势。

比较优势（comparative advantage）是指如果一个国家在本国生产一种产品的机会成本（用其他产品来衡量）低于其他国家生产该产品的机会成本，则这个国家在生产该种产品上就拥有比较优势。

科学原理：萨缪尔森思考了30年

萨缪尔森是美国著名经济学家。他在哈佛大学读书的时候，一位同学要他在所有社会科学原理中，指出一种既正确又重要的原理。萨缪尔森竟一下子被难住了，未能给出一个好的答案。此后，这个问题萦绕在他脑子里竟长达30年之久。直到1969年，就在他获得诺贝尔经济学奖的前一年，才终于自认为有了满意的答案。萨缪尔森认为，大卫·李嘉图的比较优势原理，是在那些可以称作既正确且重要的社会科学原理中首屈一指的。

亚当·斯密《国民财富的性质和原因的研究》的经典论述

如果一件东西在购买时所付出的代价比在家里生产时所付出的少，就永远不要想在家里生产。这是每一个精明的家长都知道的格言。裁缝不想制作他自己的靴子，而向鞋匠购买。鞋匠不想制作他自己的衣服，而雇裁缝缝制。农民不想缝衣，也不想制鞋，而宁愿雇佣那些不同的工匠去做。他们都知道，为了他们自己的利益，应当把他们的全部精力集中使用到比其他人处于某种有利地位的方面，而以劳动生产物的一部分或同样的东西，即其一部分的价格，购买他们所需要的其他任何物品。

比较优势：帮乔丹理性选择

迈克尔·乔丹（Micheal Jordan，1963—）是NBA中最优秀的篮球运动员之一，他能跳得比其他大多数人高，投篮也比其他大多数人准。因此有人幽默地推断，他在其他活动中也应该出类拔萃。例如，乔丹修剪自己的草坪大概比其他人都快。但是，仅仅由于他能迅速地修剪草坪，就意味着他应该自己修剪草坪吗?

假设乔丹能用2个小时修剪完草坪。在这同样的2小时中，他能拍一部运动鞋的电视商业广告，并赚到1万美元。与他相比，住在乔丹隔壁的小姑娘杰尼弗能用4个小时修剪完乔丹家的草坪。在这同样的4个小时中，她可以在麦当劳店工作赚20美元。

乔丹修剪草坪的机会成本是1万美元，而杰尼弗的机会成本是20美元。乔丹在修剪草坪上有绝对优势，因为他可以用更少的时间干完这份活。但杰尼弗在修剪草坪上有比较优势，因为她的机会成本低。

贸易的好处是巨大的。乔丹不应该修剪草坪，而应去拍广告，他应该雇用杰尼弗去修剪草坪。只要他支付给杰尼弗的钱大于20美元而低于1万美元，双方的状况都会更好。

假设世界上只有两种物品：牛肉与土豆；也只有两个人：牧牛人和种土豆的农民。两个人都既喜欢吃牛肉，又喜欢吃土豆。如果牧牛人只生产牛肉，农民只生产土豆，贸易的好处是显而易见的。当然，牧牛人和农民可能选择“老死不相往来”。但在吃了几个月烤牛肉、煮牛肉、炸牛肉和烧牛肉后，牧牛人肯定觉得自己并不怎么惬意；同样，一直吃土豆泥、炸土豆、烤土豆的农民肯定也有同感。如果牛肉和土豆之间展开贸易，这时每个人就都可以有汉堡包和炸薯条了。

假定牧牛人和农民每天都工作 8 小时，牧牛人每天可以生产 24 盎司的牛肉或 48 盎司的土豆，农民每天可以生产 8 盎司的牛肉或 32 盎司的土豆。如何分配他们的工作而达到收益最优呢？任何事物都是有成本的，某种东西的机会成本是为了得到它而放弃的东西。对于牧牛人和农民来说，生产一种产品的成本是放弃生产另一种产品的价值。

牧牛人生产 1 盎司牛肉需要放弃 2 盎司的土豆，生产 1 盎司的土豆需要放弃 0. 5 盎司的牛肉；农民生产 1 盎司牛肉需要放弃 4 盎司的土豆，生产 1 盎司的土豆需要放弃 0. 25 盎司的牛肉。生产牛肉，农民的相对机会成本高；生产土豆，牧牛人的相对机会成本高。牧牛人生产牛肉有比较优势，农民生产土豆有比较优势。他们各自从事相对机会成本低、有比较优势的工作，总收益才能最大。

比较优势原理告诉我们，每种物品应该由生产这种物品机会成本较低的人生产，通过贸易可以使社会上每个人都获益。

同一个人不可能在生产两种物品中都有比较优势。因为一种物品的机会成本是另一种物品的机会成本的倒数，如果一个人生产一种物品的机会成本较高，那么，他生产另一种物品的机会成本必然较低。比较优势反映了机会成本。任何一个国家、一个地域、一个系统、一个企业都要进行权衡和取舍，发挥比较优势，寻求有效的生存和发展空间。

三、对外开放

对外开放是一个国家（或地区）应对经济全球化的积极表现。对外开放，一方面是指国家积极主动地扩大对外经济交往；另一方面是指放宽政策，放开或者取消各种限制，不再采取封锁国内市场和国内投资场所的保护政策，发展开放型经济。对外开放的基本内容主要包括：大力发展对外贸易，特别是发展出口贸易；积极引进国外先进技术设备，特别是引进有助于企业技术改造的适用的先进技术；积极合理有效地利用外资，特别是更加积极地吸引外商直接投资；积极开展对外承包工程与劳务合作；发展对外经济技术援助与多种形式的互利合作；设立经济特区和开放沿海城市。

1978 年，中国开始进行改革开放。三十多年间，中国经济摆脱了闭关自守的束缚，逐步迈向开放型经济。在这一转变过程中，中国经济发生了显著的变化，与世界经济联系更加密切。中国经济开放程度的进一步加强，促进了对外贸易和引进外资的发展，加快了设备更新和产业结构的调整，由此带来技术进步与产业升级，为经济持续健康发展奠定了基础。

中国离不开世界，世界也离不开中国。

一个美国家庭的感慨：没有中国产品，日子变得艰辛

去年圣诞节过后两天，我们把家中标有“中国制造”的塑料制品、金属制品和木制品通通清理了出去。这并不是针对中国，也不是中国的过错。我们只是作出了一个决定：一年不买中国产品，已经买了的就算了。过去，商品的价格在我们家的购买决策中占有绝对的主导权，这也是我们一直很难抵挡中国产品诱惑的主要原因。

去年的一天，当我坐在沙发上看着圣诞节过后满屋的礼品时，发现一个不争的事实：中国产品占据了我们家的一切空间。我快速地把屋里的礼品进行了清点和归类，把物品分为“中国制造”和“非中国制造”两类。最后清点的结果是：中国制造，25 件；非中国制造，14 件。我突然意识到，圣诞节已成了中国人“制造”的节日。我受不了，于是我决定要把“中国”请出去。

经过我连哄带骗、苦口婆心的劝说，丈夫最终同意了我的想法：从 2005 年 1 月 1 日起，我们家拒绝购买中国产品一年。这个主意绝不是要惩罚中国，况且我们制造的小麻烦对中国来说也不值得一提。我们想评估一下中国产品对我们生活的影响，以及我们需要多长时间和多大代价才能最终放弃购买中国产品的习惯。

接下来的第一件事是儿子的网球鞋破了。两个星期后，我跑了很多商场，累得也够呛，最后总算花了 60 美元给他买了一双意大利生产的运动鞋。看着花这么多钱给小孩子买一双运动鞋真有点舍不得，简直是太奢侈了。几个星期后，我又心不甘情不愿地拿出 60 美元给正在学走路的女儿买了一双美国德克萨斯州产的鞋子。

在一些小东西的购买问题上，不买中国货的决定常搅得我们一家

人心神不安。为了给丈夫的生日蛋糕配上一些蜡烛，我驱车跑了六七家商店还是没买来，最后在厨房里找到了一包印有“中国制造”的蜡烛。对付儿子也是件令人头疼的事。4 岁的儿子突然非常想要一个中国生产的电动南瓜。他哭诉说：“我们已好长时间没有买中国产品了。”我实在拗不过他，只好开车陪他去买。我丈夫看到好多圣诞节礼品是中国制造而不能买时，也不停地抱怨。

12 月 31 日是我们家制定的“抵制中国货一年”结束的时候。没有中国货的一年，生活简直就是在和家人的争吵中度过的。一天晚上，我儿子说，一想到“中国产品购买季节”即将到来，他就很高兴。经过了这一年，我可以告诉你：没有中国产品，你也可以生活，只是生活会变得艰辛，而且家庭开支也会大增。今后 10 年的时间，我再也没有勇气过“没有中国货”的日子了。

日本记者模拟体验：没有中国产品的日子怎么过

随着全球化的逐渐推进，在经济相互依存日渐加强的东亚，生活中如果没有了“中国制造”已经无法想象。首先，我要声明：如果想挑战没有中国产品的生活，那简直是徒劳。众多的中国产品就像工薪族在日本一样，已经遍布我们生活的每个角落。以下赘述的并非是我挑战没有中国产品生活的真实经历，只算得上是模拟体验而已。

生活中如果没有了中国产品，我首先想到的是，我家的寝具差不多都是中国制造的。而在普通家具店里，不只是床、床垫、被子，就连床单也差不多都是中国制造的。假如没有中国产品，我的寝具岂不都要重新购置？无奈之举，那我每晚只好在纸板上铺几张报纸将就着睡了。可如果报纸和纸板也使用的是中国纸浆，那连这种可能性也没有了。

生活中没有了中国产品，另一个让我为难的是，我的 IBM 电脑是在中国组装的。时下的报社，没有电脑恐怕一篇稿子也没法写，这在中日两国都是如此。还不仅仅是写稿，信息检索以及邮件联络全都有赖电脑完成。另外，除了电脑是在中国组装外，变压器、网卡、闪存等附属品大多也是中国生产的。

再来看看我一天中接触到的中国产品吧。清早起床，我发现自己的内衣和衬衣全都是中国产的。虽说也有几套西装是日本制造的，可在领带中，即便是外国牌子，也多数印着“Made in China”，就连我在海外购买的名牌皮包，也还是中国货。想想如果没有了中国产品，那我只能不穿内衣和衬衫，全身只套着西装，手提塑料袋上班了。那将是多尴尬啊。

日本的工薪族里，像我这样在东京的郊区，甚至离地铁站较远的地方买房的人有不少。上班时，我通常骑自行车去地铁站。可自己的自行车的英语标志上也赫然写着“中国制造”，如果没有了中国产品，看来我也只好步行了。难道日本自行车店里没有由中国以外的国家生产的自行车吗？店主的回答是：“全是中国的。”再想想，自己工作中必不可少的手机、电子词典、录音机等物品，即使产地署名日本或欧美，其中也有很多零部件来自中国，或者组装地是在中国。

午饭时我尝试想躲避一下中国货。可马上发现，即使是荞麦面、腌菜、裙带菜等和食，其食品原料大部分也是从中国进口的。在外边吃饭时使用的卫生筷就更不消说了。我们经常光顾的快餐店，也大量使用中国食品原料。假如要求这些场所完全拒绝中国原料，简直是妄想。如果有客人执意提出这样的要求，他一定会被撵走。

晚上，相约同事们去烤串店里喝杯啤酒，当然是我们这些打工族们的最爱。据店家说，现在，店里烤制的鸡肉串都是事先在中国穿好，冷冻后运来的，店里专门往钎子上穿鸡肉的小工早就不用了。另外，配啤酒吃的毛豆也大多来自中国。这样想来，那些面带微笑，把酒递到我们面前的居酒屋的店员中，很多也是来自中国的留学生吧。

晚上回到家里，留心观察一下房间，那些盛夏时必不可少的空调、风扇，以及由于我常耽误晚饭，不得不仰仗的微波炉，明明是日本品牌，可它们仍然是“Made in China”。

太太说：“如果生活中没有了中国产品，那饭就没法做了。”的确，晚饭时使用的洋葱、大葱、胡萝卜、竹笋等蔬菜，鳗鱼、蛤仔、扇贝等海鲜以及鸡肉、猪肉，甚至是酱油等调味料，也大多产自中国。另外，还不只是食品原料，厨房里的锅、杯子、盘子、叉子等厨具和餐具，都是中国产品。就连太太穿的T恤衫、围裙也都是中国货。也难怪，日本的进口服装中，中国是绝对的大户。

在日本，或许有一部分人可以不吝惜金钱，以买高级家具、穿品牌服装、食用高档料理为乐，过着没有中国产品的日子。可即使是这类人，也无法不在日常使用电器和外出吃饭时接触中国货。

随着全球化的逐渐推进，在经济相互依存日渐加强的东亚，生活中如果没有了“中国制造”已经无法想象。而像我们这样并不宽裕的中低收入消费者，早已成为中国产品的忠实拥趸。这已经是不争的事实。

在这个“你中有我，我中有你”的经济环境中，“不用某国货”只能是一种表态，注定没有实际的意义。

本章小结

经济全球化是指生产要素跨越国家（或地区）边界在全球范围内广泛流动，从而使世界各国（或地区）经济在各个层面上不断相互渗透、相互交织并相互依存和相互融合，实现资源优化配置的过程。经济全球化是世界发展的大趋势，表现为贸易全球化、金融全球化、生产全球化、组织全球化。

开放是市场经济的基本特征之一。市场经济的开放性首先是由贸易来体现的，其理论基础在于绝对优势与比较优势。各国均可因比较优势通过贸易而获益。中国改革开放的过程是不断融入全球化、与全球化互动的过程。

本章主要概念

经济全球化；绝对优势；比较优势；对外开放；跨国公司

思考题

（1）结合自己的生活实践，谈谈经济全球化对个人生活产生了哪些影响。

（2）举例说明什么是比较优势。

（3）你或你的亲友出国旅行过吗？在旅途中见过的商品，产地是哪里？

（4）经济全球化有哪些表现？

（5）你对经济全球化的历史了解多少？可到图书馆查阅相关资料。

（6）为什么闭关锁国不利于经济发展？

（7）在你生活或学习的地方，有哪些跨国公司？试想一下，这些公司为什么会在这个地方？

（8）你认为经济全球化将会有什么新的表现或趋势？

参考文献

[1] 李琮：论经济全球化，载《中国社会科学》，1995 年第 1 期。

[2] 李琮：《经济全球化新论》，中国社会科学出版社 2005 年版。

[3] 厉以宁：《全球化与中国》，载《世界经济与政治》，2000 年第 6 期。

[4] 海闻:《国际贸易》，上海人民出版社 2003 年版。

[5] 史妍嵋:《经济全球化与当代资本主义的新变化》，广东人民出版社 2004 年版。

[6] Jeffrey Sachs, International Economics: Unlocking the Mysteries of Globalization, *Foreign Policy*, Spring, 1998.

[7] Anthony Giddens, *The Consequence of Modernity* , Cambridge Press, 1996.

[8] Samir Amin, *The Challenge of Globalization*, Cambridge Press, 1996.

[9] Jeffrey. A, Frankel, *Globalization of the Economy*, NBER Working Paper, No. 7858, August, 2000.

后 记

暨南大学是百年侨校。《经济学原理》是为外招生学习经济学而编写的具有入门性质的教材。同时本书也适合作为大专院校、成人教育有关专业学生学习经济学课程的教材，也可作为经济学爱好者自学读物。本书初稿完成于2010年8月，经过经济学院2010级外招生试用一学期，编者在听取了任课教师和学生的意见后，又对教材作了修改与完善，现在呈现给读者的就是修改后的版本。

本书的写作主要秉承两点：一是以市场经济为出发点，围绕市场经济介绍经济学的基本知识，为学生进一步系统、深入学习经济学理论打下基础；二是既要准确、完整地阐述概念和基本理论，又要力求行文通俗易懂。在编写过程中根据需要穿插一些案例、阅读材料，以加深学生对经济学原理的理解。

本书的三位编者均长期从事经济学的教学与研究。本书大纲由朱鸿伟提出，经集体讨论确定。全书分工如下：导言及第一、二、三章由朱鸿伟编写；第四、五、六章由舒建玲编；第七、八、九章由刘金山编写。

本书在编写过程中，参考了国内外出版的各种经济学方面的专著、教材和相关研究论文，在此一并向作者表示深切的谢意。

针对外招生的学习特点，编写适合他们使用的经济学基础教材，无论是体系和内容的安排，还是语言的表述，都需要在教学实践中不断探索，本书的编写只是一种尝试，如果在内容安排和阐述上有不妥和错漏之处，恳请读者不吝指正。

本书由国务院侨务办公室、暨南大学和暨南大学经济学院共同资助出版，在编写和出版过程中也得到了暨南大学出版社的支持，作者在此一并表示衷心的感谢！

编 者

2011年3月30日